LES **I**MAGES DE LA **C**ONNAISSANCE

Pierre Chiesa

Les volcans
et les
tremblements
de terre

D1451342

Illustrations de Jean-Louis Henriot

Collection dirigée par Daniel Sassier

NATHAN

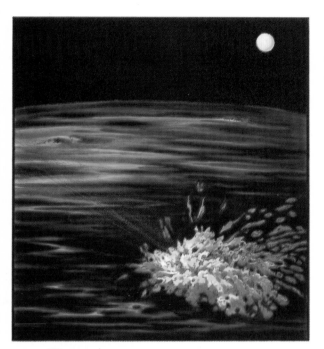

1 Il y a environ
4,6 milliards d'années...
La Terre est encore bombardée
par des météorites.
À sa surface, très chaude
et pâteuse, les météorites
éclatent et forment des cratères.
Petit à petit, la Terre commence
à se refroidir ; en surface,
des roches apparaissent :
une première croûte se forme.
Il n'y a pas encore d'atmosphère
autour de la planète :
de jour comme de nuit,
le ciel est totalement noir.

2 La chaleur emprisonnée sous la première croûte
cherche à sortir. Comme une boule de pain
dans un four, la surface se fissure : c'est le début
de l'activité volcanique de la Terre.

Pourquoi s'intéresser aux volcans de l'Archéen, vieux de plus de 4 milliards d'années et aujourd'hui disparus ? La réponse est simple : ils ont joué un rôle capital au début de l'histoire de la Terre. Grâce à eux, à la surface de la planète, après des centaines de millions d'années de transformations, allait apparaître la vie ! Mais n'anticipons pas...

LES VOLCANS DE L'ARCHÉEN

Des volcans à l'atmosphère primitive

Dans un premier temps, l'expulsion des gaz du sous-sol a conduit à la formation d'une atmosphère. En cela, la Terre n'est pas un cas unique dans le système solaire. Les mêmes événements se sont produits sur Vénus, par exemple. Mais son atmosphère n'a pas évolué depuis : ainsi, sa

La vie est née des volcans de l'Archéen.
Ainsi pourrait-on, très brièvement,
résumer le premier milliard d'années d'histoire de la Terre.

3 Le volcanisme bat son plein. La chaleur de la Terre fait fondre certaines roches dans les profondeurs du sous-sol. Ces roches fondues forment des magmas qui remontent vers la surface. Laves, cendres et scories s'échappent en quantité des ouvertures volcaniques au milieu des explosions qui libèrent les gaz dissous dans les magmas. Ces gaz sont surtout du gaz carbonique (CO_2), de la vapeur d'eau (H_2O) et de l'azote (N_2).

composition actuelle est assez proche de ce que devait être à l'origine l'atmosphère de la Terre. La « chance » de notre planète a été de se trouver un peu plus éloignée du Soleil que Vénus. Les gaz ont davantage refroidi et l'un d'entre eux s'est condensé : il est passé de l'état gazeux à l'état liquide. Ce gaz, c'est, bien entendu, la vapeur d'eau.

De l'atmosphère à l'hydrosphère

Le hasard fait donc que la Terre se trouve à une distance telle du Soleil que l'eau y existe sous forme liquide. Plus près de notre étoile, l'eau serait vaporisée avant d'avoir atteint le sol ; plus loin, la planète serait recouverte de glace, comme c'est le cas pour de vastes régions de Mars.

LES TEMPS GÉOLOGIQUES

	ÈRE QUATERNAIRE
2 Ma	
	ÈRE TERTIAIRE
60 Ma	
	ÈRE SECONDAIRE
220 Ma	
	ÈRE PRIMAIRE
570 Ma	
	PROTÉROZOÏQUE
3 500 Ma	
	ARCHÉEN
4 600 Ma	

(Ma = millions d'années)

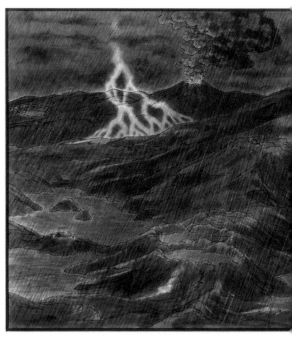

4 Les volumes considérables de gaz qui s'échappent des volcans enveloppent la Terre. L'attraction terrestre, c'est-à-dire la force de pesanteur, est suffisante pour empêcher que ces gaz quittent la planète et se perdent dans l'espace. Après une très longue évolution, les 100 kilomètres d'atmosphère qui se formeront représenteront une masse de 5 milliards de millions de tonnes d'air !

5 À cause du froid qui règne dans l'espace, la vapeur d'eau contenue dans les gaz volcaniques se condense en eau liquide et forme de gros nuages. Les premières pluies tombent sur Terre. Rapidement, elles deviennent torrentielles. L'eau ruisselle vers les zones les plus basses : les premiers lacs, les premières mers, les premiers embryons d'océan apparaissent.

Le dégazage des laves volcaniques est un phénomène continuel : à chaque nouvelle éruption, le sous-sol de la planète rejette des matériaux et les gaz du magma se mélangent à ceux de l'atmosphère. Ici, c'est a Hawaii, lors d'une éruption du Kilauea. Une coulée de lave arrive dans la mer. L'ambiance de cette scène évoque les conditions qui régnaient sur Terre il y a 4 milliards d'années.

L'ensemble des eaux de la Terre — lacs, océans, eaux souterraines, etc. — forme ce qu'on appelle « l'hydrosphère ». Combien de temps la « naissance » de l'hydrosphère a-t-elle duré ? Cela reste encore très discuté. Mais, que cela ait eu lieu « rapidement » (en 10 millions d'années, par exemple) ou « lentement » (en quelques dizaines de millions d'années), cela ne change rien au résultat final : avec son atmosphère et son hydrosphère, la Terre devenait la « planète bleue ».

De l'hydrosphère à la biosphère

Toutes les expériences démontrent que la vie a besoin de l'eau pour s'épanouir. Mais ce n'est pas parce que la Terre commençait à se couvrir d'océans qu'aussitôt plantes et animaux se mirent à croître et prospérer dans tous les coins : la biosphère, cette mince pellicule de vie à la surface de la planète, n'est pas née en un clin d'œil !

L'évolution fut longue et agitée : pendant des centaines de millions d'années, les océans et l'atmosphère furent secoués par des tempêtes et des orages d'une violence inouïe, accompagnés d'énormes éclairs. L'atmosphère n'avait pas encore sa composition actuelle : il n'y avait ni oxygène ni couche d'ozone protectrice. Elle était traversée par toutes sortes de rayons en provenance du Soleil. On pense que c'est la répétition de ces « cataclysmes atmosphériques » pendant presque un milliard d'années qui, très lentement, fabriqua des molécules plus variées, plus complexes. Finalement, il y a 3,5 milliards d'années, des choses étranges firent leur apparition dans la « soupe primitive » des océans : des assemblages de molécules capables de se reproduire !

Issue des gaz volcaniques, la vie pointait le bout de son nez ! Quant à l'homme, il faudra attendre encore quelques milliards d'années...

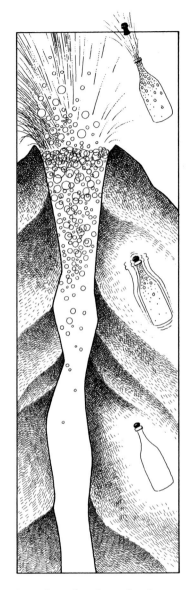

Lors d'une éruption volcanique, une lave riche en gaz dissous se comporte comme le champagne d'une bouteille qu'on débouche. Lorsque la bouteille est bouchée, le champagne est « sous pression » ; le gaz est invisible, dissous dans le liquide. Lorsque le bouchon saute, la pression diminue brutalement : le gaz apparaît alors sous forme de bulles ; elles semblent monter du fond de la bouteille. Lorsque le phénomène est violent et rapide, toutes ces bulles entraînent le liquide dans une gerbe de mousse.

1 et **2** Une île de la mer Égée, à une centaine de kilomètres au nord de la Crète. Petite montagne presque circulaire de 16 à 18 kilomètres de diamètre, elle est formée par plusieurs volcans collés les uns aux autres, dont le sommet culmine à près de 1 500 mètres d'altitude. Le lieu est agréable à vivre et plusieurs colonies crétoises prospères s'y sont installées.
Mais vers 1450 av. J.-C., des séismes à répétition et de petites éruptions obligent les habitants à évacuer l'île en catastrophe et à se réfugier en Crète. Lorsque le volcan explose, il ne reste presque personne. Les victimes sont surtout des pillards téméraires qui se retrouvent noyés sous le déluge de cendres chaudes qui suit l'éruption.

THÉRA SANTORIN ET L'ATLANTIDE

Comment imaginer, en contemplant, depuis Phira, l'immense baie de Santorin, que cette île était autrefois une montagne ? Et que, sur cette île, était installée l'une des plus prospères colonies de la civilisation crétoise qui régna sur la Méditerranée avant les Grecs ?

La disparition d'une civilisation

Les archéologues et géologues voient dans les nombreux tremblements de terre qui ont secoué ces régions au XVe siècle avant J.-C. l'une des causes de la décadence crétoise. On pense que le cataclysme de Théra dut porter un coup sévère à un peuple déjà affaibli, et qui commençait

Il y a 3 500 ans environ,
l'explosion d'un volcan fait disparaître
une civilisation et naître une légende.

3 L'éjection de 72 kilomètres cubes de matériaux a vidé la chambre magmatique située sous le volcan. Peu après, le centre de l'île s'effondre. La mer remplit aussitôt ce volume, créant une caldeira, immense baie de 8 kilomètres de diamètre. En même temps, ce gigantesque déplacement d'eau provoque un raz de marée qui va déferler jusque sur les côtes crétoises.

4 Depuis cette époque, Théra, que l'on appelle maintenant Santorin, a connu d'autres éruptions volcaniques. Mais aucune n'eut la violence de celle qui avait volatilisé l'île.
Deux petits volcans se sont formés au centre de la caldeira ; leur dernière éruption date de 1950. Santorin s'est repeuplée. Sur la falaise, se trouve Phira, la capitale de l'île.

à douter de sa puissance. Ces catastrophes ont dû déstabiliser l'empire crétois : elles anéantirent certaines villes, détruisirent des récoltes et provoquèrent donc des famines. Tout cela, en quelques dizaines d'années, a considérablement réduit le pouvoir économique et politique de la Crète ainsi que sa puissance maritime : on sait que les Crétois étaient de grands navigateurs et on suppose qu'une bonne partie de leur flotte fut détruite lors du cataclysme.

La naissance d'une légende

Les récits de l'éruption et de ses conséquences dans plusieurs pays méditerranéens ont été

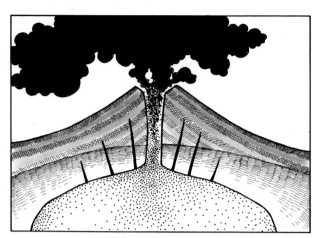

1 Comment se forme une caldeira ?
Il faut que, sous le volcan,
se trouve une volumineuse chambre
magmatique, assez proche
de la surface et assez large.
Lors des premières éruptions,
le volcan est ébranlé et commence
à se fissurer.

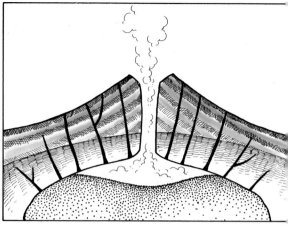

2 Les éruptions ont vidé le sommet de la chambre
magmatique, projetant dans l'atmosphère d'énormes
nuages de cendres. On y trouve même parfois
des blocs de plusieurs mètres de diamètre.
Les violentes secousses dues aux éruptions ont rendu
fragile la structure du volcan. Des fissures de plus
en plus longues entaillent ses flancs.
C'est probablement ce qui s'est passé à Théra.

UNE IMMENSE COUVERTURE DE CENDRES

Le panache de cendres fut si volumineux lors de l'éruption que, lorsqu'il retomba, 50 mètres de pierres ponces recouvrirent ce qui restait de Théra.

Un vent du nord-ouest poussa le nuage volcanique jusqu'en Égypte et jusqu'à la mer Rouge. L'est de la Crète, à 150 kilomètres de Théra, fut recouvert par une couche de cendres de 1 à 10 centimètres d'épaisseur.

Cette éruption fut une des plus spectaculaires de toutes celles qui ont été répertoriées au cours de l'histoire de l'humanité.

propagés, au cours des siècles, par des historiens et conteurs. De transformations en erreurs de traduction, c'est ainsi que s'est créée la légende de l'Atlantide. On la trouve dans les textes du philosophe grec Platon. Mais cet auteur, trompé par des nombres dix fois trop grands, imagine qu'il s'agit d'une île immense située au milieu de l'Atlantique, ce qui est tout à fait impossible. Plus probablement, si l'on analyse les descriptions des textes anciens, il s'agissait de l'île de Théra. L'imagination des hommes a fait le reste : ainsi est née la légende de cette civilisation évoluée et cultivée qui, un jour, aurait été engloutie dans les flots en emportant avec elle tous ses secrets.

Nous savons à présent que cette civilisation florissante était celle de la Crète : les fouilles archéologiques nous révèlent en effet le haut niveau artistique qu'avaient atteint les Crétois.

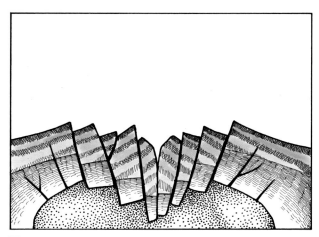

3 Le centre du volcan, complètement morcelé, s'effondre dans la chambre magmatique : la partie centrale de cet effondrement est une caldeira. Si le volcan est une île, la mer s'engouffre dans la caldeira. Dans certains cas, le résultat est catastrophique : l'eau qui arrive en masse peut « rebondir » au milieu et repartir dans l'autre sens en créant de redoutables raz de marée.

Cette immense falaise est ce qu'on peut à présent voir du cœur de l'ancien volcan après qu'il a explosé et s'est effondré. C'est une accumulation de cendres volcaniques dures et poreuses : la « pouzzolane » (voir p. 20). Chaque année, 2 millions de tonnes de ce matériau sont extraites des flancs de Santorin pour être utilisés par l'industrie. Pour aller du port à la ville, sur la falaise, un immense escalier monte en serpentant.

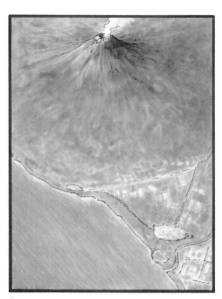

1 24 août 79. Tout semble tranquille autour du Vésuve. Pourtant, la semaine précédente, la terre a tremblé. À une vingtaine de kilomètres du volcan, la cité de Pompéi s'éveille.

2 En ville, chacun vaque à ses occupations. La plupart ont oublié le violent tremblement de terre qui, 16 ans plus tôt, en l'an 63, a très sérieusement endommagé les constructions. En tout cas, personne ne peut à cette époque prévoir la menace que le Vésuve fait peser sur la ville.

POMPÉI SOUS LES NUÉES ARDENTES

Pour expliquer la disparition de Pompéi, on s'en est souvent tenu aux lettres que l'écrivain Pline le Jeune écrivit à l'historien Tacite en 104 après J.-C. Il y relatait ce que, de loin, il avait vu de la catastrophe : une énorme colonne de cendres s'élevant au-dessus du Vésuve avant de retomber en « pluie ». Il racontait aussi comment son oncle, le naturaliste Pline l'Ancien, avait trouvé la mort en se portant, courageusement, au secours de ses amis.

Des questions qui restent posées

Mais ce récit ne donne pas totalement satisfaction aux géologues, car certains points restent mal expliqués : Pompéi devait compter quelque 20 000 habitants. Or, 2 000 corps environ ont été retrouvés ; où sont passés les autres ? Pourquoi les Pompéiens n'ont-ils pas eu le temps de fuir

*On a depuis quelques années réétudié les causes
de la destruction de Pompéi. Cette catastrophe aurait été
beaucoup plus violente encore que ce que l'on croyait.*

3 Vers midi, c'est l'explosion : au sommet du volcan, une colonne
de cendres s'élève vers le ciel. Une ou plusieurs nuées ardentes
dévalent les flancs du Vésuve vers Pompéi.
Aussitôt, les gens sont pris de panique. Certains essayent
de rassembler quelques objets personnels avant de fuir. En vain...

devant ce qu'on décrit comme une « pluie de cendres » ? Car il n'y a rien de très dangereux à une pluie de cendres : même si elle pollue énormément, comme ce sera le cas pour les retombées du mont Saint Helens en 1980, elle ne tue pas.

Une réponse simple et terrifiante

En réalité, ce n'est pas une banale pluie de cendres qui a enseveli Pompéi le 24 août 79. Certes, des cendres sont retombées en quantité sur les environs du Vésuve, mais elles ont été accompagnées de nuées ardentes. La différence est de taille ! On comprend alors pourquoi on a retrouvé si peu de corps : ils ont été, pour la plupart, calcinés par le nuage incandescent ; ils se sont quasiment volatilisés sous les souffles torrides du volcan.

UNE NUÉE ARDENTE

Une nuée ardente se forme lorsqu'un volcan expulse un nuage de cendres, de lapilli et de gaz très chauds qui dévale le long de ses flancs. La température de la nuée peut atteindre plus de 500 °C et sa vitesse dépasser les 500 kilomètres à l'heure.

Les cendres sont de très fines particules de magma, encore brûlantes, qui viennent juste de se solidifier. Les lapilli sont des pierres d'une taille centimétrique. Les gaz sont ceux qui étaient dissous dans la lave.

Les nuées ardentes sont redoutées et redoutables : à moins d'avoir évacué à temps la zone menacée, on ne peut plus rien faire pour s'en protéger une fois qu'elles ont été libérées par le volcan.

4 Les Pompéiens ont à peine le temps de se rendre compte de ce qui leur arrive qu'ils sont saisis par la mort. D'un geste dérisoire, certains tentent de se protéger ; d'autres, suffoquant, portent la main à leur gorge. Mais, en un instant, ils s'effondrent, tant la température est importante.
C'est dans cette position qu'on retrouvera, 1 900 ans plus tard, ceux qui n'auront pas été complètement désintégrés par la nuée ardente.

HERCULANUM SOUS UN « LAHAR »

La ville d'Herculanum, coincée entre le pied du Vésuve et la mer, a elle aussi été ensevelie par l'éruption d'août 79. Mais, en ce qui la concerne, ce fut un « lahar » qui l'engloutit.

Ce nom indonésien désigne une coulée de boue composée de cendres volcaniques et d'eau. L'eau provient soit des eaux de pluie, de neige ou de glace fondue, soit de l'eau contenue dans la lave du volcan.

C'est le même type de coulée qui, en 1985, a enseveli, en Colombie, la ville d'Armero, située à 50 kilomètres du volcan Nevado del Ruiz. Cette catastrophe fit 22 000 morts.

Vue aérienne d'une partie du site actuel de Pompéi.
L'organisation géométrique d'une cité romaine est ici clairement lisible. De la plupart des maisons, il ne reste que la base des murs, mais certaines ont pu être remontées et leur toiture a été reconstituée. À droite, un théâtre a été restauré ; à gauche, la grande place est ce qui reste du forum.

Une éruption paroxysmale

Ce qui a donc dévasté la région du Vésuve, c'est la combinaison d'une énorme colonne de cendres (dite « plinienne », en souvenir de Pline l'Ancien) avec une ou plusieurs nuées ardentes et des lahars (coulées de boue). L'explosion fut si violente qu'elle décapita le sommet du volcan. Pendant les trois jours qu'a duré l'éruption, toutes ces roches pulvérisées se sont progressivement abattues sur la région, jusqu'à recouvrir Pompéi de plusieurs mètres de cendres. La couche est si épaisse en certains endroits que des villes ont disparu dont on n'a jamais retrouvé la trace depuis. Il se forma au sommet du Vésuve une immense caldeira. Mais en près de 2 000 ans, de multiples petites éruptions ont peu à peu reconstitué un nouveau cône au cœur de cette caldeira.

1 Cet homme, adossé à un mur, et son chien viennent de chanceler sous le souffle mortel de la nuée ardente.

2 Ils vont être ensevelis sous les nappes de cendres qui formeront une gangue rigide, un moule, autour de leur corps.

Les deux cratères du Vésuve.
Au fond, ce qui reste de l'ancien cône volcanique : le rebord de la caldeira qui se forma après l'éruption du volcan. Au premier plan, le cône du nouveau cratère qui s'est lentement édifié au cours de la cinquantaine d'éruptions que le Vésuve a connues depuis l'an 79. Il culmine maintenant à 1 270 mètres.

3 Les corps ont été calcinés. En coulant du plâtre dans les trous, on retrouvera la dernière attitude des victimes du Vésuve.

1 À Hawaii, pas besoin de neige pour faire de la luge !
Sur les pentes raides, couvertes d'herbes sèches, du volcan Kilauea,
le chef Kaha-wahi aimait disputer des courses de « luge » locale
avec ses amis. Ce jour-là, il n'aurait pas dû refuser de prêter son bolide
à une vieille femme laide, assise sur un rocher. Mais il n'avait pas
reconnu la redoutable Pelé, déesse des volcans de l'île...

2 Lorsqu'on refuse
la moindre attention à Pelé,
celle-ci se fâche.
Elle apparaît alors sous
son véritable aspect :
méchant, violent, terrifiant.

LÉGENDES HAWAÏENNES

Face aux catastrophes naturelles, les hommes cherchent à comprendre. Lorsqu'ils n'ont pas d'explication scientifique, ils inventent souvent des légendes. Ainsi, la nature devient un monde merveilleux, peuplé d'esprits, de dieux et de déesses dont il est préférable, d'ailleurs, de s'assurer les bonnes grâces.

La fin d'une légende

Tel était le cas à Hawaii où, pour les indigènes, la déesse Pelé régnait en maîtresse sur les volcans de l'île : gare à ceux qui oseraient la défier ! Ils seraient aussitôt réduits en un petit tas de cendres. C'est pourtant ce défi qu'osa relever vers 1830 une femme, chef de tribu : Kapiolani. Elle avait été récemment convertie au christianisme par des missionnaires qui venaient de débarquer

De la déesse Pelé à la tectonique des plaques,
les explications ne manquent pas pour comprendre
les éruptions des volcans de Hawaii.

3 **Pelé, horriblement vexée par le refus de Kaha-wahi, frappa du pied**
sur le sol. Une brèche s'ouvrit par laquelle jaillit un torrent de lave.
Ayant repris son apparence de déesse, Pelé commandait aux flots incandescents ;
ceux-ci déboulaient du volcan en dévastant tout sur leur passage.
Pour Kaha-wahi, il ne restait qu'une seule solution pour échapper
à la punition de la déesse : une fuite éperdue.

à Hawaii. Elle provoqua la déesse Pelé afin de montrer à son peuple que tout cela n'était que légendes anciennes, et imposer du même coup ses nouvelles convictions chrétiennes. Bien sûr, la provocation ne donna rien : ni éruption, ni fontaine de feu, rien ! Pelé ne daigna pas se manifester et Kapiolani déclara qu'avec l'aide de Dieu, elle avait triomphé de la déesse !

Mais cela n'apprenait rien sur les éruptions des volcans hawaïens...

La « tectonique des plaques » donne la solution

Il fallut attendre le début des années 1960 ; avec l'explication de la mécanique de l'écorce terrestre, connue sous le nom de « tectonique des plaques », on comprit du même coup le fonctionnement des volcans hawaïens.

LES PLAQUES

Les plaques constituent l'enveloppe rigide de la Terre. Elles sont formées de deux parties solidaires l'une de l'autre : au-dessus, la croûte, océanique ou continentale, et en dessous, la partie supérieure du manteau, qui est rigide.

Une plaque a une épaisseur de 50 à 200 kilomètres.

Sous les plaques, les autres roches du manteau se comportent de façon « fluide » à l'échelle de millions d'années. Cette très relative fluidité des roches permet aux plaques rigides de glisser sur ce « matelas ».

4 Talonné par la coulée de lave, Kaha-wahi abandonna son village à la destruction. Après avoir embrassé sa mère et sa femme vouées à une mort certaine, il fonça vers la mer et réussit à échapper aux fureurs de Pelé en plongeant dans l'océan. Puis il nagea au plus vite vers le large. Derrière lui, la lave écumait de rage au contact de l'eau. Sur le rivage incendié, Pelé continuait à l'insulter et à le bombarder de blocs en fusion.

Si l'on regarde une carte des îles du centre du Pacifique, on s'aperçoit que plusieurs archipels s'alignent selon la même direction ; les volcans actifs sont toujours à l'est. Plus on va vers l'ouest, moins ils se manifestent, plus les îles sont érodées — c'est-à-dire usées par l'eau et le vent — et plus leurs roches sont anciennes. On en déduit deux choses : tout d'abord que tout ce morceau d'écorce terrestre se déplace progressivement vers l'ouest ; ensuite que, pendant que l'écorce se déplace, des panaches de magma montent des profondeurs, de lieux appelés « points chauds ». Le magma perfore l'écorce et y crée des volcans. Ce système de « magma-perforateur » fonctionne comme l'aiguille d'une machine à coudre qui troue le tissu et fait traverser le fil au fur et à mesure que le tissu avance.

Avec la théorie des « points chauds », la géologie mettait vraiment fin au règne de Pelé, tout en ouvrant une porte sur l'intérieur de la Terre, avec des questions encore plus mystérieuses...

1 Des panaches de magma remontent au travers du manteau vers la surface. Ils percent l'écorce terrestre et y créent un volcan. L'activité de celui-ci est entretenue par la montée continuelle de nouveaux panaches.

2 Le premier volcan se déplace peu à peu, en raison du mouvement de la plaque dont il est solidaire. D'autres panaches de magma continuent à monter. Ils créent un nouveau volcan à côté du premier, dont l'activité va bientôt cesser.

3 En quelques dizaines de millions d'années se forme une guirlande d'îles d'origine volcanique, alimentées en magma depuis un réservoir très profond qui reste fixe. Ainsi fonctionne un « point chaud ». Hawaii en est un exemple fameux.

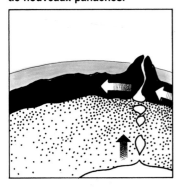
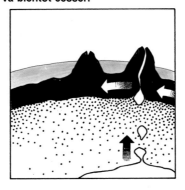
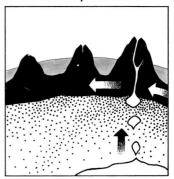

Les volcans de Hawaii émettent des laves très fluides qui coulent comme des rivières. Dans son vêtement d'amiante qui le protège de l'intense chaleur diffusée par la lave, le volcanologue longe un fleuve incandescent. Celui-ci s'écoule à 30 kilomètres à l'heure et sa température est de plus de 1 100 °C.

Lorsqu'elle arrive à l'air libre, la lave prend l'aspect de « cheveux-de-Pelé », en hommage à la légendaire déesse. Cette « chevelure » de verre volcanique est formée d'une myriade de gouttes de lave qui ont été projetées par l'éruption et étirées par le vent en longs filaments.

LES TROIS GRANDS TYPES DE VOLCANISME

Trois grandes catégories de volcans peuvent être distinguées à travers le monde. Ce sont :
– les volcans dus à des « points chauds » ;
– les volcans des zones de subduction (voir p. 24) ;
– les volcans des zones d'accrétion (voir p. 33).

Les volcans hawaïens appartiennent au premier groupe. Ils sont du type « point chaud ».

1 Il y a 2 millions d'années : nous sommes au Villafranchien, une époque de transition entre l'ère tertiaire et l'ère quaternaire.
Des mastodontes, cousins aujourd'hui disparus des éléphants, se promènent dans le Massif central.
Au loin, un volcan jette ses derniers feux.

2 Faisons un bond de presque 1,7 million d'années dans la Préhistoire. Nous sommes maintenant il y a 350 000 ans.
Au pied du volcan dont l'activité a cessé, des *Homo erectus* qui passaient par là s'affairent.
Le volcan est déjà lentement érodé par l'eau et le vent.

LE MASSIF CENTRAL EN FEU

Nos ancêtres les Gaulois faisaient-ils rôtir leurs sangliers au-dessus des volcans ? L'anecdote serait amusante si elle n'était pas totalement fantaisiste. Et pourtant...

Des hommes préhistoriques et des volcans

Il est certain que nos très lointains ancêtres ont connu des volcans en activité dans le Massif central. Mais les Gaulois, ou plutôt les Celtes, n'ont vu que les toutes dernières manifestations du volcanisme, lorsqu'ils se sont installés, venant d'Europe centrale, il y a moins de 3 000 ans.

Dans le Massif central, le volcanisme est une histoire vieille de plusieurs millions d'années ; et

Le centre de la France est un pays paisible.
Pourtant, il y a quelques milliers d'années,
nos ancêtres vivaient en dessous des volcans.

3 Nouveau bond : il y a 17 000 ans, des hommes de Cro-Magnon chassent l'ours. On approche de la fin de la dernière période glaciaire. Le volcan éteint a été sérieusement attaqué par l'érosion : la lave solidifiée qui remplissait la cheminée commence à être dégagée.

4 Nous voici à présent à la fin du xxᵉ siècle. L'homme s'est installé et façonne à sa manière le paysage autour de ce qui reste de la cheminée de l'ancien volcan. Il y a 700 ans, un seigneur du Moyen Âge a construit son château fort au sommet du piton volcanique.

des générations d'hommes préhistoriques ont dû côtoyer, de près ou de loin, les volcans d'Auvergne, du Velay ou du Bas-Vivarais.

Étrangement, on n'a pas, pour le moment, découvert de peintures ou de gravures représentant ces volcans. Pourtant, on est sûr que les hommes de Lascaux, qui vivaient il y a 15 000 ans, étaient contemporains des éruptions de la chaîne des Puys. Et leurs successeurs ont sûrement entendu et ressenti la grande éruption d'un des dômes de la chaîne qui, il y a 8 300 ans, répandit des cendres, non seulement dans le Cantal tout proche, mais jusqu'en Suisse, en Allemagne et en Belgique !

**DU PACIFIQUE
À LA « FRANCE PROFONDE »**

Il n'était pas nécessaire d'aller chercher aux îles Hawaii, à l'autre bout de la Terre, des exemples de volcans liés aux manifestations d'un « point chaud ».

Ce type de volcanisme existe tout près de nous ; plus exactement, il a existé, car il n'y a plus de volcans actifs en France métropolitaine. Cela se passait dans la « France profonde », en plein Massif central : des géologues pensent que la chaîne des volcans d'Auvergne est due au fonctionnement d'un « point chaud » au travers de la plaque continentale qui porte l'Europe.

1 Comment se forme un piton volcanique ?
Il faut tout d'abord un volcan !
Éruption après éruption, ce volcan va se fabriquer
un cône, formé d'une accumulation de cendres
et de scories cimentées par de la lave.

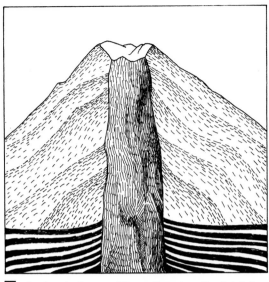

2 Après plusieurs millions d'années d'activité, le
volcan s'est « éteint » : comme les plus vieux volcans
des îles Hawaii, il n'est plus alimenté par du magma
nouveau. Dans la cheminée volcanique, la lave
a refroidi et s'est figée en une colonne compacte.

LA POUZZOLANE, MOUSSE
SOLIDE DES VOLCANS

Les magmas riches en gaz se
dégazent lorsqu'ils arrivent à la
surface. Ce mélange de lave et
de gaz forme une « mousse
de roche » (voir p. 5). Cette
« mousse », si elle refroidit très
vite, se solidifie et donne des
roches qui ressemblent à des
éponges très dures. Ces roches
sont appelées « pouzzolanes »,
de la ville de Pouzzoles en Italie,
proche du Vésuve.

Dans le Massif central, on en
trouve fréquemment sur les
flancs des volcans. Elles sont
exploitées en carrières et
entrent dans la fabrication des
soubassements de chaussées.

Sous forme de graviers, la
pouzzolane est également utilisée, en hiver, sur les routes
enneigées : elle ne pollue pas
comme le sel ; par sa couleur
sombre, elle absorbe la chaleur
et fait fondre la neige ; enfin, sa
grande dureté facilite l'adhé-
rence des roues des véhicules.

Des volcans magiques, demeure des dieux

On peut facilement imaginer que les volcans devaient inspirer aux hommes de la Préhistoire une grande crainte et même de l'effroi. Sans doute ces volcans étaient-ils respectés et vénérés. Tout comme les Hawaïens craignaient la déesse Pelé, nos ancêtres devaient voir dans les volcans le séjour de dieux farouches et peu aimables !

Les Grecs de l'Antiquité n'avaient-ils pas fait de l'Etna l'antre du dieu Héphaïstos ? Celui-ci, assisté par ses géants cyclopes, ne fabriquait-il pas dans ses forges volcaniques les armes foudroyantes de Zeus, le roi des dieux ?

Ainsi, les éruptions des volcans du Massif central ont dû terrifier plus d'un de nos ancêtres ! D'ailleurs, quelle serait notre réaction si, demain, un de ces volcans se réveillait ? Cela n'est pas impossible : ils ne sont « éteints » que depuis quelques milliers d'années, ce qui, à l'échelle des temps géologiques, n'est, pour un volcan, qu'un léger endormissement...

Ce paysage de western
se trouve bien aux États-Unis !
Il s'agit de la Devil's Tower —
la Tour du Diable — située
dans l'État du Wyoming.
Ce sont les Blancs
qui l'ont appelée ainsi.
Pour les Indiens Kiowas,
ce piton a jailli du sol
pour empêcher sept petites
filles de la tribu d'être
dévorées par un ours.
Les griffes de celui-ci
ont strié le rocher, alors
qu'il essayait d'atteindre
ses proies perchées au sommet.
Pour les géologues, ce piton,
qui domine de ses 390 mètres
la Belle Fourche River,
est le reste d'une intrusion
profonde de magma qui s'est
injectée dans une fissure
du sous-sol,
il y a 60 millions d'années.
La lave s'est refroidie très
lentement. En se contractant
lors de sa solidification,
elle s'est fissurée et a formé
ces grandes colonnes de pierre
prismatiques. On retrouve
de telles falaises en forme
de tuyaux d'orgue dans le Massif
central, à... Bort-les-Orgues !

3 C'est à présent l'érosion qui entre en action.
La pluie, le vent attaquent l'ancien volcan et usent
les roches. Grain par grain, le cône est raboté.
La cheminée volcanique apparaît et n'échappe pas,
bien que plus résistante, à l'action destructrice.

4 En quelques centaines de milliers d'années,
la nature a défait ce qu'elle avait construit.
Il ne reste guère plus que le piton volcanique
central, constitué de roches plus dures qui ont
un peu mieux résisté aux assauts de l'érosion.

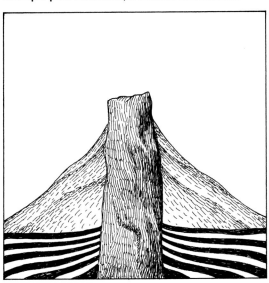

1 Ce jour-là, Dionisio Pulido travaille dans son champ avec un voisin : le temps de semer est arrivé. Soudain, dans un sillon fraîchement tracé, une crevasse s'ouvre d'où s'échappent de la fumée et des étincelles. Les deux hommes s'enfuient, effrayés !

2 Six jours plus tard, le cône volcanique atteint déjà 167 mètres de haut. Les projections de cendres, accompagnées de coulées de lave, recouvrent progressivement les champs et les forêts. Il faut évacuer une partie de la région, reloger les paysans, leur donner de nouvelles terres.

NAISSANCE D'UN VOLCAN

L'apparition du Paricutin pourrait laisser croire que la Terre est une boule de magma liquide entourée d'une mince écorce solide. Dès qu'une fissure s'ouvrirait dans l'écorce, le magma s'y engouffrerait pour former un volcan. Or, ce n'est pas le cas : nous avons sous les pieds plusieurs centaines de kilomètres de roches bien solides qui ne renferment que de toutes petites poches de magma !

La formation des magmas sous les plaques

Magma, lave, ces deux termes désignent de la roche fondue. Il peut sembler étrange que des matériaux aussi lourds que des roches remontent des profondeurs du sous-sol, comme un bouchon

20 février 1943. À 400 kilomètres à l'ouest de Mexico, la terre gronde : au milieu d'un champ, un volcan est en train de naître !

3 Le 17 juin 1944, une coulée de lave envahit la ville de San Juan, désertée par ses habitants. La cité est submergée à l'exception de la tour de la basilique, encore visible aujourd'hui. Le Paricutin aura des éruptions pendant plus de 9 années, au cours desquelles il éjectera 3,6 milliards de tonnes de matériaux. La dernière éruption date du 4 mars 1952. Le sommet du volcan atteignait alors 412 mètres de haut.

UNE ÉRUPTION QUI S'ÉTAIT ANNONCÉE

Le Paricutin n'est pas né d'un coup de baguette magique qui aurait fait cracher au sous-sol laves et scories. L'activité souterraine s'était fait sentir dans les semaines qui avaient précédé les premières manifestations volcaniques.

Les habitants des villages de San Juan et Paricutin avaient à plusieurs reprises perçu des grondements dans le sous-sol en même temps que de petits séismes secouaient la région.

Les volcans ne sont pas rares dans la partie centrale du Mexique.

Parmi les plus célèbres : El Chichon, qui se fit remarquer en mars 1982 par son éruption cataclysmique (p. 46), ou le célèbre Popocatépetl, proche de la ville de Mexico.

de liège remonte du fond de l'eau. Pourtant, si le magma remonte, c'est bien parce qu'il est plus léger que les autres roches. Sous les plaques rigides qui forment l'enveloppe de la Terre, se trouve une zone particulière du manteau supérieur, d'une trentaine de kilomètres d'épaisseur, qui se comporte de façon fluide. En effet, les roches y sont très partiellement fondues, pour 1 % environ.

Représentons-nous un instant ces parties fondues comme de la vinaigrette très compacte ! Lorsqu'elle est bien battue, une vinaigrette est un liquide homogène dans lequel on ne distingue pas les différents ingrédients dont il est composé. Si on la laisse reposer une dizaine de minutes,

Lorsque deux plaques se rencontrent, le plus souvent l'une d'entre elles plonge sous l'autre pour aller disparaître en profondeur, dans le manteau. Cet endroit est appelé « zone de subduction ». L'augmentation de la pression dans le sous-sol, due à l'empilement des plaques, entraîne la fusion de certaines roches qui donnent naissance à du magma. Lorsque celui-ci remonte vers la surface, il se crée, au milieu des montagnes, des volcans. Ce sont les volcans de « zone de subduction ».

ses divers éléments commencent à se séparer ; ils se regroupent en petites puis en plus grosses gouttes. Les gouttes d'huile remontent vers la surface, alors que les gouttes de vinaigre plongent vers le fond.

La lente remontée du magma vers la surface

Il se passe un phénomène analogue sous les plaques. Mais au lieu de se faire en dix minutes, de tels voyages durent des millions d'années, car les roches sont infiniment moins fluides que la vinaigrette. La chaleur qui règne en profondeur fait fondre certaines roches, c'est-à-dire, en fait, leurs « ingrédients » : les minéraux. Une petite poche de minéraux fondus, c'est un début de magma. Dans cette poche, les composants les plus lourds vont avoir tendance, comme le vinaigre, à tomber très lentement vers le bas. La poche de magma va devenir ainsi plus légère vers le haut que les roches qui sont autour d'elle. Ce magma allégé va essayer de remonter vers la surface, de la même façon qu'une goutte d'huile remonte à

1 La plaque de gauche est une plaque océanique ; celle de droite, l'extrémité d'une plaque continentale. La plaque océanique, dont les roches sont plus lourdes que celles de la plaque continentale, plonge sous celle-ci et s'enfonce dans le manteau. Cette collision crée des chaînes de montagnes comme, en Amérique, les Montagnes Rocheuses ou la Cordillère des Andes. Au sein de ces massifs montagneux se forment des volcans qui s'alignent, du nord au sud des Amériques, le long du Pacifique. Exemples : le Paricutin, bien sûr, mais aussi le mont Saint Helens (p. 34) ou El Chichon (p. 46).

L'îlot volcanique Matthew
se trouve à 500 kilomètres
à l'est de la Nouvelle-Calédonie.
C'est typiquement un volcan
de zone de subduction
qui appartient à l'extrémité
sud de « l'arc insulaire »
des Nouvelles-Hébrides.
Il est né de la confrontation
de la plaque indo-australienne
avec la plaque du Pacifique.
L'actuel cône volcanique
et sa belle coulée de lave
datent d'une cinquantaine
d'années. Ce volcan est depuis
quelques années étudié
par des géologues français
de Nouméa, qui y ont installé
une station automatique
de relevé de données
(voir p. 45).

la surface de la vinaigrette. Mais le magma aura beaucoup plus de mal et mettra très longtemps à se frayer un chemin à travers ou entre les plaques. De fissure en fissure, il arrivera peut-être, comme au Paricutin, après un voyage de plusieurs dizaines de millions d'années, à trouver une voie jusqu'à la surface.

2 Des volcans naissent aussi
lorsqu'une plaque océanique
entre en collision avec
une autre plaque océanique.
À la jonction des deux se forme
un « arc insulaire » avec
un chapelet d'îles volcaniques.
C'est le cas, dans le Pacifique,
de l'arc volcanique d'Indonésie
ou des Nouvelles-Hébrides.
C'est aussi le cas
en Méditerranée : imaginez,
à gauche, le sud de la plaque
eurasiatique ; à droite,
le nord de la plaque africaine
qui plonge sous l'Europe.
À l'intersection des deux,
se trouve l'arc volcanique
de la mer Égée ; et parmi
ces îles volcaniques,
l'île de Santorin, l'ancienne
Théra (p. 6).

1 1963. Un bateau de pêche croise au sud des îles Westman. Soudain, les marins perçoivent une explosion qui, manifestement, provient du fond de l'océan. Celle-ci s'accompagne d'une agitation de la mer ; un panache s'élève devant le bateau. L'Islande est connue pour ses manifestations volcaniques. Ainsi, aucun doute n'est permis : à 130 mètres sous la surface de l'eau, le plancher océanique s'est déchiré pour laisser apparaître un nouveau volcan.

SURTSEY : NAISSANCE D'UN CONTINENT

Avec l'île de Surtsey, plus de 3 kilomètres carrés de terres émergées sont apparus. Là où il n'y avait que l'océan pointe maintenant un embryon de ce qui sera peut-être, dans quelques dizaines de millions d'années, un nouveau continent.

La naissance des continents

Actuellement, les continents — c'est-à-dire les terres émergées — représentent environ le quart de la surface de la Terre. Ils paraissent avoir toujours existé, mais est-ce si sûr ? Des calculs menés par des géologues montrent que non. Il y a 4,6 milliards d'années, lorsque la Terre s'est formée, il n'y avait ni continent ni océan, mais seulement une croûte plus ou moins solide et très

14 novembre 1963. À quelques milles de la côte sud de l'Islande, la mer bouillonne : une île volcanique se prépare à émerger de l'océan.

2 En une nuit, le « bébé volcan » aura comblé par un cône de cendres la hauteur d'eau qui le sépare de la surface. À l'aube, on peut découvrir une bande de terre étroite et noire qui émerge. Une colonne de fumée s'élève au-dessus du nouveau cône, à plus de 15 kilomètres de haut. En même temps, l'île grossit à mesure que les cendres volcaniques se déposent. Le 16 novembre, le volcan, baptisé Surtsey, a 40 mètres de haut et mesure 550 mètres de long.

chaude. Les premiers océans apparaissent à la fin de l'Archéen. Au milieu de ces étendues d'eau commencent à émerger les premiers reliefs, noyés sous les déluges.

Pour bien comprendre l'originalité des régions continentales, il faut savoir qu'elles sont formées de roches plus « légères » que les roches plus profondes de l'écorce terrestre. De même qu'un bouchon de liège flotte à la surface de l'eau, de même les roches continentales « flottent » sur des roches plus lourdes, plus denses. Ces continents se sont formés par la montée progressive vers la surface de la Terre de magmas venus des profondeurs qui, par le jeu de phénomènes compliqués, se sont séparés des roches plus « lourdes ».

CRÉATION DE CROÛTE

Chaque année, ce sont en moyenne 3 centimètres de croûte nouvelle qui viennent s'ajouter de part et d'autre des 60 000 kilomètres de rifts sous-marins (voir p. 33). Cela représente une surface de :
$2 \times 0,00003 \times 60\,000 = 3,6\,km^2$.
Mais, comme on pense que la surface des continents est quasi stationnaire, on peut supposer qu'une surface équivalant à cette croûte nouvelle est engloutie chaque année au fond des zones de subduction.

3 Le 4 avril 1964, de la lave commence à s'écouler du cratère central.
Cette lave consolide le volcan en cimentant les cendres.
Pour les géologues, cette éruption est une chance inespérée, l'occasion
d'étudier la façon dont se crée un embryon de continent.
Les botanistes, eux, vont pouvoir observer la façon dont la végétation
conquiert des terres totalement vierges. L'île est déclarée réserve
naturelle protégée. Les scientifiques qui y débarquent doivent prendre
toutes les précautions pour ne pas polluer le milieu naturel
ni le perturber.

DE LA DÉRIVE
DES CONTINENTS
À LA TECTONIQUE
DES PLAQUES

Wegener avait parlé de « dérive
des continents » car il pensait
que seuls les continents se
déplaçaient en rabotant le fond
des océans. On sait à présent
que c'est toute l'écorce terrestre, formée de plusieurs morceaux, les plaques, qui est en
mouvement. C'est pourquoi on
parle de « tectonique des plaques », la tectonique étant la
discipline scientifique qui étudie
les déformations des roches.

La croissance des continents

Surtsey se trouve à proximité du rift médio-
atlantique, cette immense fracture qui sillonne
l'Atlantique du nord au sud et par laquelle du
magma remonte des profondeurs. Là, se crée la
nouvelle croûte océanique : le magma chaud
refroidit au contact de l'eau froide ; il se colle à
la croûte plus ancienne et il la repousse. Ces
rajouts continuels de magma nouveau durci font
qu'on appelle les rifts des « zones d'accrétion ».

Sur toute la Terre, pendant des milliards
d'années, s'est répété le phénomène qui a fait
surgir l'île de Surtsey : des roches venues des
profondeurs se sont répandues à la surface. Ces
roches ont de multiples fois été transformées.
Une petite partie d'entre elles est retournée là
d'où elles étaient venues : dans les profondeurs
du sous-sol, lorsque l'écorce plonge dans le

4 Rapidement, la végétation commence à s'installer. Un oiseau migrateur est venu mourir sur le sable volcanique de l'île ; dans son tube digestif, une graine. Elle va germer dans le corps en décomposition de l'animal. Première plante, bientôt suivie par d'autres, apportées par les vents, par des insectes, par d'autres oiseaux... 25 ans après son apparition, Surtsey est à présent en grande partie couverte de végétation.

1 Dix ans plus tard, le 23 janvier 1973. L'île de Heimaey, située au nord de Surtsey, dans les îles Westman...

2 À l'est du cône volcanique d'Helgafell, la terre vient de s'ouvrir ; un nouveau volcan déverse des cendres à profusion.

3 Lorsque l'éruption cesse au bout de quelques mois, les cendres et la lave ont enseveli une trentaine de maisons et créé plusieurs kilomètres carrés d'île « nouvelle ».

manteau le long des zones de subduction. Mais, en raison de leur légèreté, la plus grande partie est restée en surface. Pendant 3 milliards d'années, l'étendue des continents a ainsi très lentement augmenté : ce fut un « combat » continuel entre l'érosion des continents ou leur engloutissement dans les zones de subduction et les apports de magmas nouveaux dans les zones d'accrétion ; « combat » qui se soldait par une croissance progressive des terres émergées. Il semblerait que depuis environ un milliard d'années, la surface des continents soit presque stationnaire : il se crée à peu près autant de croûte le long des zones d'accrétion qu'il en disparaît dans les zones de subduction.

Alors, les continents ont-ils fini de grandir ? Rien n'est moins sûr : à l'échelle de millions d'années, il est très difficile de l'affirmer.

1 Août 1973. Début
de la mission FAMOUS :
« French American Mid
Ocean Undersea Survey »
(Exploration sous-marine
franco-américaine du milieu
de l'océan).
On vient de mettre à l'eau
le bathyscaphe *Archimède,*
où prennent place
les océanographes.

DES VOLCANS AU FOND DE L'OCÉAN

E n 1910, Alfred Wegener lança l'idée que les continents ne sont pas immobiles et qu'ils se déplacent au cours des temps géologiques ; il appela ce phénomène « dérive des continents ». Ses explications, pourtant très argumentées, ne rencontrèrent pratiquement aucun succès. Elles se heurtèrent même à l'hostilité et à l'ironie des « spécialistes » : ils reprochaient à Wegener, qui avait une formation de météorologue, de ne pas être compétent en géologie. Son idée resta en l'air !

Mystères et surprises au fond des océans

Grâce aux sonars mis au point pendant la Seconde Guerre mondiale, on avait repéré au milieu de l'océan Atlantique une grande chaîne de montagnes. Mais on n'en comprenait pas l'origine. Puis, en 1947, une équipe d'océanogra-

Dans la nuit des grands fonds marins,
les océanographes ont découvert 60 000 kilomètres de volcans,
preuve de la mécanique de l'écorce terrestre.

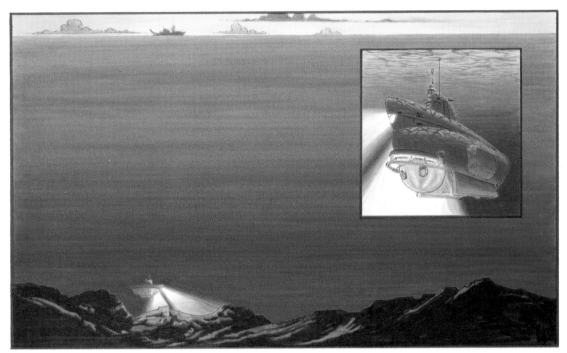

2 Les chercheurs se sont installés dans la boule de métal, sous le bathyscaphe. 2 500 mètres d'eau séparent l'*Archimède* du *Marcel-le-Bihan*, bateau d'assistance de la Marine nationale. Dans la lumière des projecteurs, l'équipage découvre le fond de l'océan Atlantique. L'*Archimède* navigue au-dessus d'un petit volcan que les plongeurs ont baptisé « mont de Vénus ». Sur ce dessin, la coupe du fond de l'océan s'étend sur une distance de 5 kilomètres.

phes eut aussi la surprise de constater que les roches du fond des océans sont beaucoup moins anciennes qu'on l'imaginait ; de surcroît, plus on se rapproche de la chaîne de montagnes centrale, plus elles sont jeunes.

Au début des années 1960, certains géologues en sont convaincus : cette chaîne de montagnes est un endroit où se forment en permanence de nouvelles roches. Ainsi, l'écorce terrestre bouge, et les continents avec elle. Wegener avait raison, même s'il n'avait pas tout compris. La croûte se forme dans la zone d'accrétion du « rift ». Elle disparaît au fond de gouffres profonds : les fosses océaniques ou zones de subduction, comme celle qui se trouve le long de la côte pacifique de l'Amérique du Sud. Mais, après avoir expliqué le fonctionnement de l'écorce terrestre, il restait encore à le vérifier... sur place !

3 Sous les projecteurs
de l'*Archimède* apparaît
soudain une fissure de quelques
dizaines de centimètres
de large, mais qui se prolonge
sur des milliers de kilomètres.
C'est le milieu de l'océan
Atlantique !
À cet endroit, la lave remonte
des profondeurs et repousse
les deux plaques pour s'insinuer
entre elles : ainsi, la partie
gauche va lentement dériver
vers l'ouest, alors que la partie
droite s'en ira vers l'est.
Le long de la fissure se forment
les chaînes de volcans
qui parcourent les fonds
des océans.

L'expédition FAMOUS

Ce fut chose faite en 1973. Des scientifiques plongèrent par 2 500 mètres de fond pour observer un morceau de la gigantesque fracture qui sillonne le plancher de l'océan Atlantique. Ce rift serpente également à travers les autres océans de la planète, encadré par les plus longues chaînes de montagnes que l'on connaisse. Montagnes truffées de volcans puisque c'est par ces fractures que remonte le magma : au total, plus de 60 000 kilomètres de volcans ! Mais ils ne sont pas continuellement en éruption.

Après ces plongées, le doute n'était plus permis. Le long de ces 60 000 kilomètres se forme la nouvelle croûte océanique ; en moyenne, chaque année, 2 à 3 centimètres de croûte s'ajoutent de part et d'autre du rift.

1 Il y a 200 millions d'années, l'Afrique et l'Amérique du Sud étaient soudées l'une à l'autre et ne formaient qu'un seul grand continent. Au cœur de ce supercontinent s'est formé un « rift » : une longue vallée le long de laquelle la croûte continentale s'est étirée puis fracturée. Par les fractures, du magma a commencé à remonter, créant une série de volcans. La lave qui s'infiltre dans le rift repousse les deux portions de continent et lentement les éloigne l'une de l'autre.

2 L'Afrique et l'Amérique du Sud se sont totalement détachées. L'eau a envahi la vallée du rift, créant un bras de mer. Le nouvel océan est traversé par une immense chaîne volcanique sous-marine, alimentée en permanence par du magma venu des profondeurs. Les deux continents s'éloignent maintenant l'un de l'autre tandis qu'entre eux se forme la nouvelle croûte océanique. Cette mécanique est entretenue par des courants profonds de roches qui repoussent les deux plaques.

3 De nos jours, l'Afrique et l'Amérique du Sud sont séparées par plusieurs milliers de kilomètres d'océan, mais le processus d'éloignement se poursuit toujours. La croûte océanique est bien développée, traversée du nord au sud par la chaîne volcanique sous-marine toujours en activité. L'Afrique et l'Amérique s'éloignent en moyenne de 4 centimètres par an. Cela suffit pour parcourir des milliers de kilomètres en quelques dizaines de millions d'années.

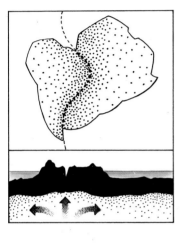 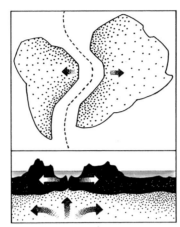 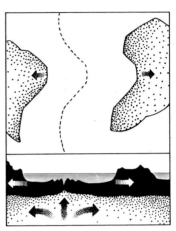

LES GRANDS TYPES DE VOLCANISME

La plus grande partie du volcanisme est invisible à nos yeux : sur les 40 000 volcans qui existent sur Terre, les trois quarts se trouvent sous l'eau, parfois à plusieurs milliers de mètres de profondeur.

Une grande majorité d'entre eux s'aligne le long des 60 000 kilomètres de rifts sous-marins. Ils font partie de la famille des volcans de « zone d'accrétion ».

Les zones d'accrétion ne se situent pas uniquement sous l'eau : la grande faille de l'Est africain est un rift continental en formation, parsemé de volcans lui aussi. Ici, ce morceau de dorsale est situé au fond du golfe de Tadjoura, près de Djibouti.

1 Le mont Saint Helens fait partie des volcans de la chaîne des Cascades. Ces volcans s'échelonnent depuis la Californie (aux États-Unis) jusqu'en Colombie britannique (au Canada) en passant par l'Oregon et l'État de Washington. Cette chaîne longe la côte ouest du continent nord-américain, face à l'océan Pacifique. Le Saint Helens se trouve au sud de l'État de Washington.

UN DÉSASTRE ÉCOLOGIQUE

Les nuées du Saint Helens ont tout dévasté jusqu'à plus de 25 kilomètres du volcan. Mais le panache de cendres qui s'est élevé dans le ciel est allé bien plus loin. Entraîné par un vent d'ouest, il a parcouru en 10 heures plus de 1 000 kilomètres et a, en trois jours, traversé les États-Unis.

Une pollution comme on n'en avait jamais vu

Sur de nombreuses régions, une averse de cendres s'abattit. Il se déposa une couche grisâtre qui atteignait parfois plusieurs centimètres. Une fois le nuage passé, le problème fut donc de se débarrasser de ces cendres encombrantes et polluantes qui abîmaient les transformateurs de courant électrique, détraquaient les moteurs des voitures ou risquaient de faire s'effondrer les toits des maisons. Dans certaines villes, on procéda comme en hiver : après avoir arrosé les cendres pour les empêcher de s'envoler, on les déblaya au chasse-neige puis on les déversa dans les

*L'éruption du mont Saint Helens fut l'une des éruptions « vedettes »
de ces dernières années, tant par ses destructions que par ses pollutions.*

2 Un « bouchon » de roches vient de sauter au sommet du volcan. Il libère un panache de cendres qui monte dans le ciel ; dans le même temps, une nuée ardente, composée de fines particules de roches volcaniques brûlantes et de gaz, déferle sur la région nord du volcan. Le souffle chaud de la nuée a couché d'immenses arbres sur son passage. Vu d'avion, on dirait un champ d'allumettes !

3 Plus de 600 kilomètres carrés ont été dévastés par l'éruption. La forêt a été endommagée ou détruite jusqu'à 28 kilomètres du volcan : les arbres qui n'ont pas été couchés ne sont plus que des troncs calcinés. 60 personnes sont mortes sous les cendres, y compris deux géologues qui devaient observer le sommet du volcan et ont été surpris par la soudaineté et la violence de l'éruption.

4 Le volcan s'est calmé. Il ne reste plus qu'un paysage désolé d'où toute trace de vie a disparu. Le sommet du volcan a été volatilisé. Son altitude a diminué d'environ 500 mètres : le sommet, qui culminait à 2 950 mètres avant l'éruption, n'atteint plus à présent que 2 500 mètres. Et ce n'est pas tout : le fond du cratère se trouve maintenant vers 1 800 mètres, à 700 mètres sous le sommet.

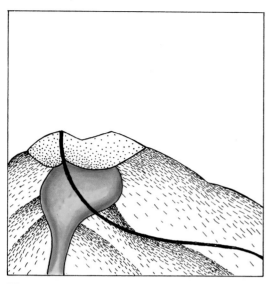

1 Pendant plusieurs mois, la pression est montée à l'intérieur de la chambre magmatique. Le sommet a progressivement gonflé sur sa face nord (à droite sur le schéma). Durant la même période, de petites éruptions superficielles fissuraient ce sommet. La grande éruption se préparait.

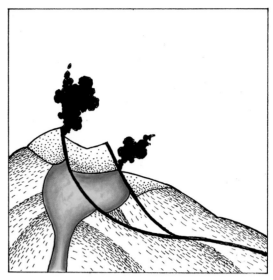

2 Le 18 mai 1980, à 8 heures 32 du matin, tout saute ! Toute la face nord du volcan cède et s'effondre dans un gigantesque glissement de terrain. Des panaches de vapeur mêlée à de la roche pulvérisée s'échappent du volcan. Cela fait 5 secondes que l'éruption a commencé.

UN GOÛT DE « DÉJÀ VU »

L'éruption du mont Saint Helens, même si elle fut spectaculaire et catastrophique, ne fut pas vraiment originale. Elle présente des liens de parenté étroits avec la plupart des éruptions cataclysmiques dont nous parlons ici : Théra, Pompéi, Krakatoa, montagne Pelée ou El Chichon.

Toutes ces éruptions sont caractérisées par de très abondantes projections de cendres dues à la montée d'un magma en surpression, très riche en eau et en gaz dissous.

Pourtant, même si elle avait un goût de « déjà vu », c'était la première fois qu'on pouvait aussi bien voir et photographier une telle éruption, car il faisait très beau le matin du 18 mai au-dessus du Saint Helens. Toutes ces images ont constitué un matériau d'étude très précieux pour les géologues.

décharges publiques. Ce sont souvent des centaines de milliers de tonnes de cendres qu'il fallut ainsi dégager des voies de circulation.

« Demandez les souvenirs du mont Saint Helens ! »

Des « petits malins », à l'esprit commerçant, ont également su tirer profit de ces cendres. Certains ont vendu par correspondance des « sachets-souvenirs » du Saint Helens. Le résultat fut parfois moins heureux pour les postes américaines : dans des machines de tri automatique du courrier, des sachets ont éclaté, répandant leur contenu et mettant les machines hors service. D'autres furent plus astucieux : comme les cendres sont en fait de la poudre de verre, ils les ont fait fondre. Avec cette pâte de verre, ils ont fabriqué des « cendriers-souvenirs » de l'éruption. Comme quoi, une fois la catastrophe passée, il suffit d'un peu d'imagination pour voir les avantages que l'on peut tirer d'un volcan !

3 Deux nuages se forment. D'une part, une colonne de cendres monte dans le ciel ; elle va atteindre plus de 20 kilomètres d'altitude. D'autre part, sur le côté du volcan, une nuée ardente fuse à grande vitesse en direction du nord. 15 secondes se sont écoulées depuis le début de l'éruption.

4 Un gigantesque nuage de cendres est expulsé du volcan : c'est du magma très finement pulvérisé, déjà solidifié mais encore très chaud. La place laissée libre permet ainsi à du magma nouveau de monter des profondeurs. L'éruption a débuté il y a 20 secondes.

Après l'explosion du mont Saint Helens, un énorme panache de cendres s'élève dans le ciel. Il monte à plus de 20 kilomètres d'altitude, bien au-dessus des nuages, avant de se disperser, sous l'action des vents d'ouest, vers l'est des États-Unis.

Gigantesques pour les hommes, les volcans ne sont, à l'échelle de la Terre, que de minuscules soupapes d'évacuation de sa chaleur interne.

1 Un volcan en éruption ; volcan « classique » avec un cratère quasi circulaire de quelques centaines de mètres de diamètre. Devant un tel déchaînement de lave, de cendres, de gaz, les deux volcanologues paraissent bien petits.

2 Reculons-nous pour voir une « tranche » de volcan dix fois plus haute. En plus du cratère, apparaissent maintenant l'ensemble du cône volcanique et le haut de la chambre magmatique. Elle se trouve ici à quelques kilomètres de profondeur.

PLONGÉE AU CENTRE DE LA TERRE

Voyager jusqu'au centre de la Terre est impossible, quoi qu'ait pu écrire Jules Verne. Si l'on ne peut pas le faire réellement, il est cependant envisageable en pensée. Cela permet de mieux saisir l'importance des volcans à l'échelle de la Terre.

Les volcans, soupapes d'évacuation de chaleur

Par les volcans, la Terre évacue une petite partie de l'énergie qu'elle contient. Ils jouent un rôle similaire à celui des soupapes d'autocuiseur lorsqu'il faut libérer un trop-plein de vapeur. L'énergie de la Terre, c'est de la chaleur. Celle-ci engendre des mouvements dans les profondeurs du sous-sol, tout comme la chaleur d'un brûleur engendre des mouvements de liquide dans une casserole. Mais, dans le sous-sol, ce sont des volumes considérables de roches qui se déplacent. Ces déplacements sont excessivement lents ; pourtant, ce sont eux qui, au fil des millions d'années, entraînent les plaques dans leur circula-

3 Nouveau bond en arrière.
Nous voyons à présent une « tranche »
d'environ 50 kilomètres de hauteur.
Celle-ci comprend la totalité de la croûte
terrestre (30 à 40 kilomètres d'épaisseur)
et le sommet du manteau.

4 Ce sont environ 3 000
kilomètres d'épaisseur
qui s'offrent à nos yeux.
Perché sur la croûte, le volcan,
avec ses quelques kilomètres
d'altitude, ressemble
à un tout petit bouton.
La descente vers l'intérieur
de la Terre nous fait traverser
tout le manteau, pour atteindre
le haut de la partie externe
du noyau.

tion incessante : ainsi, la « tectonique des plaques » est une des conséquences de la libération de la chaleur interne de la Terre.

Les tremblements de terre, autre soupape

Les tremblements de terre sont très étroitement associés aux déplacements des plaques. Des morceaux de celles-ci coulissent ou essayent de coulisser les uns contre les autres. Lorsque ce

5 Une « tranche » de Terre d'environ 6 000 kilomètres d'épaisseur.
Le volcan : un petit point ridicule !
La croûte : 5 à 10 kilomètres sous les océans ; 30 à 60 kilomètres sous les continents.
Le manteau : il s'étend jusqu'à 2 900 kilomètres de profondeur.
Le noyau : il est composé d'une partie externe fluide jusqu'à 5 100 kilomètres de profondeur, et d'une partie interne rigide, la graine, qui forme le centre de la Terre.

RAYONNEMENT DANS L'ESPACE

Volcans et tremblements de terre ne sont pas les seuls phénomènes par lesquels la Terre évacue sa chaleur. Ce sont même les moins importants : ils ne représentent qu'environ 5 % de l'énergie produite. La vraie « perte » est ailleurs. Continuellement, à sa surface, la Terre rayonne de l'énergie dans l'espace : elle le « chauffe », de la même manière qu'un radiateur rayonne de la chaleur dans une pièce.

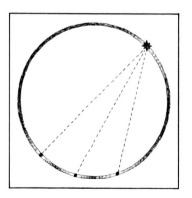

1 Les séismes sont un outil remarquable pour ausculter l'intérieur de la Terre.
Si la Terre était une boule de roches homogènes, les ondes sismiques la traverseraient tout droit, sans être déviées.

n'est pas possible, ils se déforment ; de l'énergie s'accumule dans ces immenses volumes rocheux tordus par les forces souterraines.

Lorsqu'on courbe violemment une règle en plastique, celle-ci finit par se casser et les morceaux nous sautent au nez ; de la même manière, des roches trop déformées finissent par céder et « sauter » brutalement, libérant en un bref instant l'énergie accumulée.

Des phénomènes sans fin

C'est donc en définitive la chaleur de la Terre qui est la cause de tous les phénomènes décrits dans ce livre : volcanisme, séismes, tectonique des plaques. Tant que notre planète contiendra de l'énergie, il n'y a aucune raison pour que ces phénomènes cessent. Cela durera encore pendant des centaines de millions d'années, jusqu'à ce qu'elle se soit considérablement refroidie.

Y aura-t-il alors encore des hommes pour raconter ce qu'il s'y passera ?

Dans la presqu'île de Kola, à l'extrême nord-ouest de l'U.R.S.S., les géologues soviétiques ont entrepris de creuser le premier forage à très grande profondeur. Pourtant, il dépasse à peine les 13 kilomètres ! C'est déjà une remarquable prouesse technique, qui fournit de nombreux renseignements sur les roches de la croûte. Il est certain que, même prochainement, on ne descendra guère au-delà.

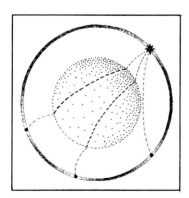

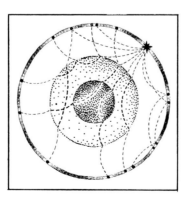

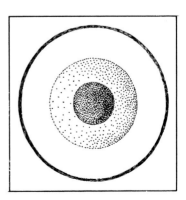

2 Or, il n'en est rien ! Déjà, vers 2 900 kilomètres de profondeur, les ondes subissent une première déviation importante. À cet endroit se situe la zone de transition entre le manteau et le noyau.

3 Bien sûr, ce n'est pas si simple, car un séisme produit des ondes qui partent dans tous les sens et sont déviées dans de multiples directions. Mais une analyse fine permet de tirer bien des renseignements.

4 Grâce à cela, on a découvert que le noyau est constitué de deux parties : la graine au centre, qui est solide, entourée du noyau externe que l'on pense liquide, car il ne laisse pas passer certaines ondes.

1 Dans les observatoires volcanologiques, l'une des tâches principales est l'étude des séismes qui affectent le volcan. Plusieurs stations sismiques enregistrent en permanence les moindres vibrations du sous-sol sous le volcan et renvoient leurs mesures au centre d'observation.
Là, ces mesures sont traitées et analysées par les géophysiciens.

2 Une autre opération très importante consiste à évaluer les déformations du volcan. Des topographes mesurent de façon très précise le gonflement de ses flancs avec une mire et une lunette de visée.

VOLCANS SOUS SURVEILLANCE

Si l'on s'en donne les moyens, il est possible de prévoir les éruptions volcaniques. Deux techniques sont très utilisées pour suivre la vie d'un volcan : la sismologie et l'inclinométrie. Ces mots... « barbares » cachent des méthodes aux principes simples, même si, après, les calculs peuvent être fort compliqués !

La sismologie : étude des séismes

Un volcan est en permanence secoué par des séismes. Lorsqu'il n'est pas en éruption, ces tremblements de terre se font à peine sentir. Il faut des instruments très sensibles pour les enregistrer, car ils sont imperceptibles pour un être humain. Pourtant, sous un volcan au repos, il peut y avoir plusieurs séismes par jour.

De nombreuses techniques sont utilisées pour surveiller les volcans.
Avec un objectif : prévoir leurs éruptions.

3 Il est parfois nécessaire, lorsque la lave commence à s'écouler, d'en prélever des échantillons.
C'est ce que fait ce volcanologue. Protégé de la chaleur intense de la lave par une combinaison en amiante, il prélève de la roche fondue avec une longue canne.
Cela permettra d'analyser la composition du magma frais. On prélève aussi de la même façon les gaz des fumerolles.

Ces secousses renseignent sur ce qui se passe sous le volcan, car il est bien entendu impossible d'y descendre ! Les enregistrer, c'est un peu radiographier le volcan, tout comme un médecin fait une échographie pour examiner le bébé d'une femme enceinte et éviter ainsi d'utiliser une sonde. Généralement, les séismes se multiplient à l'approche d'une éruption : leur nombre peut être multiplié par plus de cent. Ainsi, une connaissance approfondie de l'histoire du volcan et de l'évolution de l'activité sismique avant une éruption permettra de prévoir avec une bonne certitude le moment où devrait se déclencher la nouvelle éruption.

L'inclinométrie : étude des déplacements du sol

Le sol d'un volcan n'est pas uniquement bouleversé au moment de l'éruption. Pendant les mois ou les années qui la précèdent, le sol bouge mais,

4 En plus des mesures
de déformation faites
sur le terrain, on installe
en certains endroits
des extensomètres.
Ces appareils permettent
de mesurer, en permanence,
avec une très grande précision,
les déformations du sol.
Lorsque les roches s'étirent
ou se contractent, un système
amplifie la déformation
afin de rendre la lecture possible.
On détecte ainsi d'infimes
déplacements, imperceptibles
à l'œil nu.

OBSERVATOIRES FRANÇAIS

Sur tous ses volcans en activité, la France a installé des observatoires.

Inutile de les chercher dans le Massif central : ils ne sont pas sur les volcans d'Auvergne ou du Velay !

Ils sont sur les trois volcans actifs situés dans les départements d'outre-mer :

sur la montagne Pelée, à la Martinique, qui s'est fait remarquer par son éruption meurtrière de 1902 ;

sur la Soufrière, à la Guadeloupe, qui a donné quelques frayeurs en 1976 ;

sur le piton de la Fournaise, à la Réunion, qui a des éruptions tous les dix-huit mois en moyenne.

Il faut enfin rajouter à cela les stations automatiques de téléobservation des volcans Matthew et Hunter, à l'est de la Nouvelle-Calédonie.

une fois de plus, de façon imperceptible pour l'œil humain. Il faut donc des instruments perfectionnés et des mesures très précises pour s'en rendre compte. C'est pourquoi on fait des mesures sur le volcan avec des mires de visée ainsi qu'avec des extensomètres, des géodimètres ou des inclinomètres.

Mais que signifient ces déplacements du sol ? Ils témoignent, par exemple, que du magma est en train de monter très lentement des profondeurs, qu'il s'infiltre dans des fractures, ou remplit la chambre magmatique. Ses déplacements déclenchent de petits tremblements et font gonfler le volcan, jusqu'au moment où la pression du magma sera devenue si importante que l'éruption deviendra inévitable.

Ainsi, avec leurs appareils, les volcanologues auscultent le volcan, tout comme un médecin ausculte son patient ; il ne leur reste plus ensuite qu'à en tirer un diagnostic : éruption ou fausse alerte ?

1 L'extensomètre.
Il est formé d'une longue tige horizontale de quartz, ancrée à une extrémité dans un bloc de béton. Le reste de la tige coulisse librement dans les autres blocs. Son autre extrémité porte les graduations sur lesquelles on peut lire, directement ou avec un système amplificateur, les déformations du sol : dilatations ou contractions.

2 L'inclinomètre. Il mesure les variations d'inclinaison des flancs du volcan dues au gonflement du sous-sol lorsque du magma remonte des profondeurs. Avec un tube de 10 mètres entre les deux réservoirs, le système de lecture électronique peut mettre en évidence des variations d'inclinaison d'un dixième de millionième de degré !

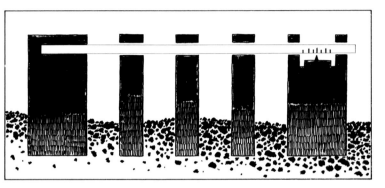

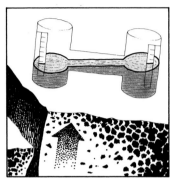

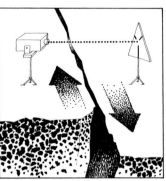

3 Le géodimètre.
Un appareil à laser envoie un rayon en direction d'un miroir situé de l'autre côté d'une faille, puis récupère le rayon qui s'est réfléchi sur le miroir. Une horloge atomique mesure avec une très grande précision la durée de l'aller et retour du rayon.
La vitesse de la lumière est parfaitement connue. On peut donc calculer le moindre déplacement de la faille en mesurant la variation du temps nécessaire au rayon laser pour faire l'aller et retour.

Sur les volcans de Matthew et Hunter, ont été intallées, depuis 1986, des stations automatiques de collecte de données (à droite, la station de Hunter). Les mesures principales concernent la sismicité locale et les températures fumerolliennes. Des sondes, plantées dans les fumerolles et reliées par un câble à la station, effectuent ces mesures de température en continu (à gauche, sur Matthew).
La station fonctionne grâce à des panneaux solaires et les données sont transmises 9 fois par jour par satellite à Toulouse, par l'intermédiaire d'une balise ARGOS. Le centre de Nouméa récupère ensuite les données par une ligne spéciale de téléphone.

1 Les 28 mars, 3 et 4 avril 1982, le volcan mexicain El Chichon connaît une série d'éruptions très violentes. Une quantité considérable de cendres et de gaz volcaniques est projetée à plus de 25 kilomètres de haut dans l'atmosphère.

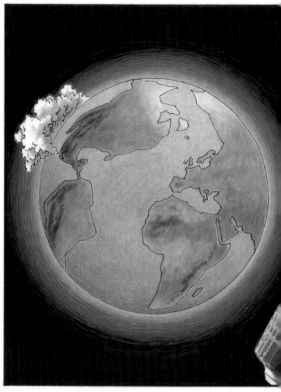

2 Les vents violents qui soufflent dans la stratosphère, couche de l'atmosphère comprise entre 15 et 50 kilomètres d'altitude, entraînent le nuage volcanique vers l'est, à une vitesse moyenne d'environ 72 kilomètres à l'heure.

EL CHICHON, LE CLIMAT PERTURBÉ

El Chichon n'a été découvert par les géologues qu'en 1928. Il n'avait jamais eu d'éruption depuis cette date. Des études ont montré que la dernière éruption devait remonter à au moins 600 ans. C'est sans doute pour cela que l'éruption de 1982 fut particulièrement violente. Elle s'est fait annoncer, le mois précédent, par de très nombreux petits tremblements de terre. Mais, n'ayant jamais assisté à une éruption de ce volcan, les géologues pouvaient difficilement prévoir l'importance de celle qui allait pulvériser son sommet le 28 mars : ils ne furent pas déçus ! De plus, cette éruption

Pour perturber le climat de la Terre,
il suffit qu'un léger voile de cendres volcaniques
arrête une infime partie des rayons du Soleil.

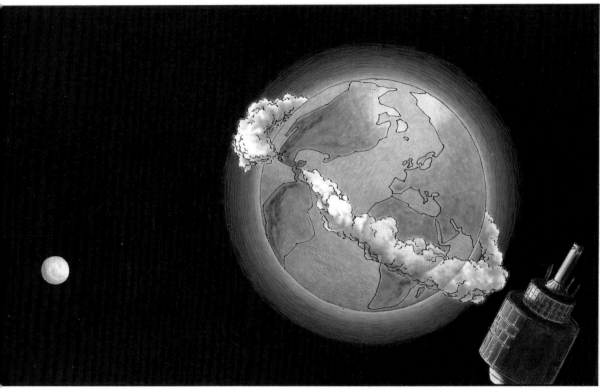

offrit la possibilité de mieux comprendre l'influence des projections volcaniques sur les climats.

La pollution de la stratosphère

Comme bien d'autres éruptions de ce type (celles de Théra ou du Saint Helens), celle d'El Chichon a projeté dans la haute atmosphère — la stratosphère — des volumes considérables de gaz et de cendres. On a estimé que le nuage qui s'est répandu autour du globe représentait une masse de 20 millions de tonnes de matériaux divers ! Mais il y a plus important : les analyses ont montré que les poussières de ce volcan contenaient du soufre. Le soufre, en réagissant sur l'eau des nuages, a formé de l'acide sulfurique. On est à

3 Le 25 avril 1982, le nuage est revenu à son point de départ, après avoir effectué le tour de la Terre. On a ici considérablement exagéré la taille du nuage et la hauteur de l'atmosphère : celle-ci a une épaisseur d'environ 100 kilomètres – soit moins de 1 % du diamètre de la Terre. On a aussi débarrassé l'atmosphère de ses grands tourbillons de nuages pour que vous suiviez mieux la progression du nuage volcanique.
Le satellite représenté est l'un de ceux qui ont observé la progression du nuage. Il s'agit du satellite météorologique *Météosat,* positionné à 36 000 kilomètres d'altitude.

En Indonésie, le village de Parentas a été complètement enseveli sous les cendres après une éruption du volcan Galunggung. Pour les villageois, c'est une véritable catastrophe : toits éventrés, cultures détruites, bétail tué.
Mais dans quelques années, après d'abondantes pluies, cette région retrouvera, grâce à ces cendres, une exceptionnelle fertilité (p. 54).

En bas : ce qu'il reste du sommet du volcan El Chichon après ses éruptions de 1982 : un lac vert sulfureux, entouré de fumerolles et bordé d'une frange de soufre. L'eau qui s'est accumulée au fond du cratère au cours de la saison des pluies forme un « bain » acide chaud à une température de 50 °C.

CATASTROPHES VOLCANIQUES ET CLIMATIQUES

Avec El Chichon, ce n'était pas la première fois qu'une éruption volcanique perturbait le climat d'une partie de la planète.

En 1815, l'éruption du mont Tambora en Indonésie projeta de telles quantités de poussières dans l'atmosphère que la température de la planète connut l'année suivante des baisses étonnantes.

L'été 1816 fut très rigoureux dans de nombreuses régions : il fit très froid en Amérique et en Europe de l'Ouest ; en Nouvelle-Angleterre (États-Unis), il neigea au mois de juin et il gela au mois d'août ! La situation fut dramatique pour les paysans : les récoltes furent presque totalement détruites. Cela déclencha une famine et obligea de nombreux paysans à émigrer.

présent certain que ce sont les très fines gouttelettes d'acide sulfurique répandues dans la stratosphère qui renvoient une partie des rayons solaires vers l'espace ; elles forment, entre la Terre et le Soleil, une sorte de miroir semi-

transparent. Après avoir fait plusieurs fois le tour de la planète au niveau de la zone tropicale, le nuage s'est peu à peu étendu vers le nord et vers le sud. Un an après l'éruption, il recouvrait tout l'hémisphère Nord et une bonne partie de l'hémisphère Sud.

La baisse des températures

Cela ne veut pas dire que tout le ciel s'était obscurci : à l'œil nu, on ne voyait rien. Il fallait des instruments scientifiques pour s'en rendre compte. Cependant, la conséquence climatique du renvoi des rayons solaires vers l'espace fut assez sensible : on enregistra en 1982 une baisse notable des températures moyennes, de l'ordre de 0,5 °C. Certes, un demi-degré, cela paraît très peu. C'est pourtant suffisant pour que nous connaissions chez nous un été plus frais et un hiver plus rigoureux. Ce qui fut le cas.

Volumes comparés des nuages de cendres émis lors d'éruptions célèbres ; il ne s'agit souvent que d'estimations :

1 - Montagne Pelée (Martinique) – 1902, 0,2 km^3

2 - El Chichon (Mexique) – 1982, 0,5 à 0,6 km^3

3 - Mont Saint Helens (États-Unis) – 1980, 2 km^3

4 - Vésuve (Italie) – 79 ap. J.-C., 3 km^3

5 - Krakatoa (Indonésie) – 1883, 18 à 20 km^3

6 - Théra (mer Égée) – 1450 av. J.-C., 28 à 72 km^3

7 - Tambora (Indonésie) – 1815, 150 à 175 km^3

Enfin, l'éruption du Toba à Sumatra (Indonésie), il y a 75 000 ans, aurait produit 1 000 km^3 de cendres volcaniques, soit plus de six fois le volume du Tambora !
On peut remarquer que le volume des matériaux rejetés est sans relation directe avec le nombre de victimes. Tout dépend de la région dans laquelle a lieu l'éruption ainsi que des phénomènes qui lui sont associés (raz de marée, etc.).

La Terre est un « autocuiseur » géant...
Elle produit d'énormes quantités d'eau chaude
et, parfois, quelques diamants.

1 **L'Islande est le pays des geysers.**
En effet, dans les régions volcaniques, les magmas
remontent très près de la surface et diffusent
leur chaleur dans les roches. Les eaux infiltrées
dans le sous-sol se réchauffent au contact
de ces roches et se vaporisent. Lorsque la pression
devient trop forte, un mélange d'eau bouillante
et de vapeur jaillit : c'est le geyser.

2 **L'eau chaude est captée à des profondeurs**
de 300 à 600 mètres. Lorsqu'elle arrive à la surface,
sa température est souvent supérieure à 100 °C.
Les Islandais l'utilisent pour divers usages.
Ils chauffent leurs maisons et produisent leur eau
chaude domestique. C'est le cas dans la plus grande
partie de Reykjavik, capitale de l'Islande.
Ils chauffent également des serres dans lesquelles
ils cultivent fruits, légumes et fleurs. Il est même
possible d'y faire pousser des espèces tropicales.
Avec autant d'eau chaude presque gratuite, on peut
parfaitement se baigner en plein air en hiver,
alors qu'à quelques mètres de la piscine, le sol est
recouvert par la neige.
Enfin, à une telle température, cette eau peut être
utilisée pour produire de la vapeur dont la pression
fera tourner les turbines d'une centrale électrique.

VOLCANS UTILES

Il fait très chaud dans le sous-sol. L'exploitation de la géothermie et la formation des diamants nous le montrent bien. Plus on s'enfonce, plus il fait chaud ! Pour quelle raison ?

L'énergie de la Terre

Lorsqu'elle s'est formée, la Terre était très chaude. Les chocs des météorites qui tombaient à sa surface entretenaient cette chaleur. Il se passe presque la même chose lorsqu'on reçoit une gifle : l'énergie de la main en déplacement rapide se transforme en chaleur sur la joue ! Donc, après avoir reçu un certain nombre de gifles météoritiques, la Terre s'était beaucoup échauffée. Lorsque le bombardement a cessé, elle a commencé à refroidir. Pourtant, les calculs ont montré que, si la Terre n'avait eu pour « se garder au chaud »

BANANES ISLANDAISES

Bien que situé à seulement 300 kilomètres du cercle polaire, l'Islande est un pays producteur de bananes.

Des bananes de serre, bien sûr !

1 Les diamants naissent dans certains volcans. Ils cristallisent dans des cheminées volcaniques issues des grandes profondeurs. Au sein d'une colonne de magma, les diamants remontent de 200 à 300 kilomètres sous terre jusqu'à la surface.

2 En quelques millions d'années, l'érosion va décaper plusieurs milliers de mètres de roches et de terrains et attaquer la cheminée volcanique diamantifère. Son sommet est raboté et les roches transformées en sables ou graviers. Des diamants sont ainsi dispersés dans les sols environnants.

L'AUTOCUISEUR TERRESTRE

Le sous-sol de la Terre peut être comparé à un « autocuiseur ». Mais cet autocuiseur naturel fait subir aux roches des températures et des pressions absolument faramineuses.

Cela permet, à plusieurs centaines de kilomètres de profondeur, la cristallisation de certains minéraux d'une façon très particulière. Ainsi, dans de telles conditions, un élément comme le carbone cristallise sous la forme de diamants alors que, dans des conditions moins extrêmes, ce carbone ne donnerait que du graphite... Celui-ci sert à faire des mines de crayon ou des huiles de moteur !

que cette chaleur initiale, il y aurait longtemps qu'elle serait totalement refroidie.

Mais il y a dans le sous-sol une source de chaleur supplémentaire : les roches qui le constituent contiennent des éléments radioactifs, le thorium par exemple. Ces éléments se désintègrent spontanément, c'est-à-dire qu'ils se brisent en morceaux plus petits. Leurs désintégrations produisent des rayonnements et de la chaleur. Cette radioactivité naturelle dure depuis des milliards d'années et « entretient » la chaleur interne de la planète. Et nous savons que cette chaleur est la cause de la tectonique des plaques et des phénomènes volcaniques ou sismiques associés.

Tant que les roches contiendront des éléments radioactifs non désintégrés, la Terre n'aura aucune raison de se refroidir.

C'est pourquoi aussi, même si elle n'est pas encore la plus utilisée, la géothermie reste une ressource énergétique inépuisable.

3 Pour extraire les diamants, les mineurs vont exploiter la cheminée. L'exploitation commence à ciel ouvert, comme dans une carrière.
Par ailleurs, on va aussi essayer de retrouver les diamants qui ont été transportés dans les sols ou dans le sable des rivières alentour.

4 Lorsque l'exploitation à ciel ouvert n'est plus possible pour des raisons techniques, on continue à exploiter le gisement en creusant un puits et des galeries de mine. Les plus nombreux gisements de ce type actuellement exploités se trouvent en Afrique du Sud.

Vue aérienne du Big Hole (le « Grand trou »), le puits de mine de Kimberley, en Afrique du Sud.
Cette ville a donné son nom aux roches volcaniques, d'origine très profonde, dont on extrait des diamants : les kimberlites.
Après avoir été exploité à ciel ouvert par le sommet de la cheminée, le gisement a été attaqué avec des installations souterraines.

Diamant brut et diamant taillé. Cette pierre est d'une taille rarissime pour un diamant : 407,48 carats !
Un carat de diamant vaut 0,2 gramme. La plupart des diamants font moins de 10 carats et encore plus souvent moins de 1.

Les volcans détruisent. Mais lorsque la fièvre de l'éruption est retombée, il reste alors des sols d'une incomparable richesse.

1 En Indonésie, sur les pentes des montagnes, les paysans ont adopté la culture en terrasses pour contrer l'érosion. Les rizières sont ceinturées par des murets qui retiennent les sols enrichis par les retombées des volcans, ainsi que l'eau que déversent des pluies parfois torrentielles.

TERRES DES VOLCANS, TERRES FERTILES

Pour pousser, les plantes ont absolument besoin d'air, de lumière, d'eau et d'éléments minéraux. Dans l'air, elles prélèvent l'azote et le gaz carbonique ; ce dernier ne représente qu'une infime fraction de l'air (0,03 %), mais sans lui il n'y aurait pas de plantes. En effet, elles prennent au gaz carbonique son carbone dont elles se servent pour fabriquer leur propre matière, ou matière organique. Cela se fait sous l'action de la lumière : ce sont les réactions de photosynthèse.

L'eau et les éléments minéraux

Mais la photosynthèse ne s'effectue pas sans eau : dans le milieu aqueux de la plante se déroulent les réactions chimiques et l'eau véhicule les éléments minéraux dont la plante a besoin.

2 À la Guadeloupe et en Martinique, les Antillais cultivent de nombreuses variétés de fruits tropicaux : bananes, ananas, etc. Là aussi, la richesse des terres provient de la nature volcanique du sous-sol.

3 Au pied de l'Etna, en Sicile, les orangers s'épanouissent. La chaleur de l'Italie du Sud, alliée aux qualités des sols volcaniques, fait de cette région un lieu idéal pour la culture non seulement des orangers mais aussi des citronniers, de la vigne, des oliviers ou du blé.

Ces éléments minéraux interviennent dans un grand nombre de réactions vitales pour la plante. Les principaux sont l'azote, le phosphore et le potassium. L'azote, puisé dans l'air, sert lui aussi à la fabrication de la matière organique. Si besoin est, pour accélérer leur croissance, on fournit aux plantes des nitrates qui sont des engrais azotés. Le phosphore et le potassium proviennent des phosphates et des potasses. Mais tous ces engrais coûtent cher...

Comment font, dans ces conditions, les paysans pauvres de certains pays du tiers monde ?

Les engrais naturels des volcans

C'est là que nous retrouvons les volcans. Certains fournissent gratuitement ces éléments minéraux. Ainsi, en Indonésie, les cendres volcaniques sont

UN BIENFAIT POUR LES PÊCHEURS

Les cendres influent non seulement sur les terres agricoles, mais aussi sur les « terres piscicoles », c'est-à-dire... la mer ou les lacs, pour la plus grande satisfaction des pêcheurs !

En effet, les eaux de pluie, qui lessivent les cendres et entraînent leurs éléments minéraux, s'écoulent vers des lacs ou vers la mer. Or, ces éléments minéraux constituent un apport nutritif pour les poissons et favorisent leur prolifération.

C'est ce qu'on observe, par exemple, autour des îles Éoliennes en Méditerranée, ou bien en mer Égée, dont nombre d'îles sont d'origine volcanique. C'est aussi le cas sur les rives de certains grands lacs de l'Est africain, proches des volcans.

4 Les îles Canaries, au large des côtes africaines, sont d'origine volcanique. Mais, balayées par les vents de l'Atlantique, elles n'offrent pas un milieu très favorable aux cultures. Il faut donc protéger celles-ci. C'est pourquoi on fait pousser la vigne au fond de trous en forme d'entonnoir entourés d'un muret de pierres. Cela permet de retenir l'eau qui tombe et d'atténuer le dessèchement par le vent.

CENDRES MALÉFIQUES

Les cendres volcaniques peuvent être aussi redoutables que bénéfiques. Certaines contiennent des éléments acides comme le chlore, le soufre ou le fluor. S'ils passent dans les eaux, ils risquent de provoquer de graves empoisonnements chez l'homme ou les animaux.

Certes, le fluor est bon pour les dents, mais à très petite dose ! À plus forte dose, il les fait tomber...

D'autre part, les cendres blessent la bouche des animaux herbivores qui les avalent en broutant. Cela finit par les empêcher de se nourrir.

La conséquence ultime est l'installation de la famine dans certaines régions agricoles polluées par d'importantes retombées de cendres. Ainsi, lors de l'éruption du Tambora en 1815, en Indonésie, sur 90 000 morts, 80 000 furent en fait victimes de la famine qui a sévi après coup.

un bienfait qui tombe du ciel, à condition toutefois que ce ne soit pas trop souvent ou en trop grosse quantité, car alors tout risque d'être détruit pendant une ou plusieurs années.

Mais si la couche de cendres qui recouvre les champs ne dépasse pas quelques millimètres, les pluies abondantes et chaudes de ces régions tropicales ont vite fait de la « lessiver ». Ce lessivage libère les éléments minéraux nutritifs, phosphore et potassium, ainsi que d'autres éléments également importants pour la vie des plantes : calcium, fer, magnésium, etc. Même s'il n'y a pas d'azote dans les cendres volcaniques, celles-ci sont une richesse exceptionnelle pour les paysans indonésiens : elles leur permettent de faire trois récoltes par an !

C'est pourquoi, malgré le danger que représente toujours la proximité de volcans parfois très meurtriers, les paysans s'accrochent à ces terres nourricières.

Sur le sol recouvert par la lave du Piton de la Fournaise, à la Réunion, déjà la vie se réinstalle. À côté d'une bombe volcanique, cette fougère a réussi à planter ses racines dans la roche et commence à se déplier.

Une des plantes les plus rares du monde : *Argyroxiphium sandwicense* ou « sabre-d'argent », à cause de la forme et de la couleur de ses feuilles. Elle ne pousse que sur le cratère de l'Haléakala, volcan de l'île Maui dans l'archipel des îles Hawaii.

Les géologues considèrent qu'il y a environ 40 000 volcans sur la Terre. Les trois quarts d'entre eux se trouvent sous les océans. Sur les 10 000 qui surgissent à l'air libre, il n'y en a de nos jours que 550 qui sont actifs, dont 50 pour le seul Japon ! Qui plus est, 2 volcans sur 3 sont situés sur la fameuse ceinture de feu du Pacifique. Un volcan est considéré comme actif s'il a eu au moins une éruption dans les temps historiques.

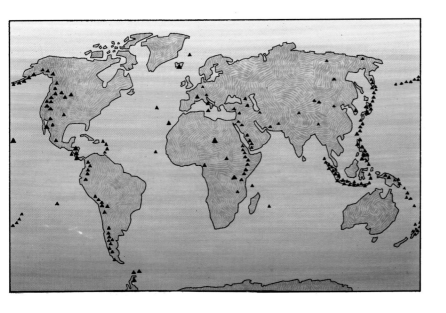

1 Nous allons suivre le déroulement d'un séisme. Cela pourrait se passer en Italie, en Yougoslavie... ou même en France.
Dans cette ville, tout semble calme. Mais soudain...

2 Tout tremble ! Pendant plusieurs dizaines de secondes, de violentes vibrations ébranlent les immeubles ; certains s'écroulent. Des panneaux se décrochent des façades. La chaussée se fissure.

SÉISME EN DIRECT

Un tremblement de terre au milieu d'une plaine désertique ne présente quasiment aucun risque. En montagne, le danger provient des glissements de terrain. Et en ville, la plupart des morts sont causées par l'effondrement des bâtiments sur leurs occupants.

Des bâtiments fauchés en quelques secondes

Il peut sembler évident que des constructions s'écroulent lorsqu'elles sont secouées. Pourtant, on ne sait réellement ce qui se passe que depuis

En quelques secondes, les fureurs de la Terre peuvent tuer des milliers de personnes et anéantir une région. Comment s'en protéger ?

3 Certains immeubles mieux construits ont résisté aux secousses. D'autres sont à terre. Des incendies se déclarent ; mais les canalisations d'eau sont rompues et les bouches d'incendie inutilisables.

4 Le séisme semble terminé. Profitant du répit, les secours s'organisent peu à peu. Les sauveteurs évacuent les blessés et fouillent les décombres pour chercher des rescapés ou dégager les morts.

quelques dizaines d'années. En effet, les forces qui ébranlent les bâtiments dans les premières secondes du séisme sont très difficiles à étudier. Or, ce sont précisément elles qui déclenchent le processus d'effondrement.

Ceux qui font du judo le savent bien : il suffit pour un « petit maigrichon » de balayer les jambes d'un « grand costaud » pour que celui-ci se retrouve par terre. Et cela sans avoir à déployer une énergie considérable : au moment où le « grand costaud » se trouve en déséquilibre, le

**Mexico, le 19 septembre 1985.
La terre a tremblé de 7 h 19
à 7 h 22. Le séisme a atteint 8,2
sur l'échelle de Richter.**

PROTECTION DES RICHES,
PROTECTION DES PAUVRES

Les constructions parasismiques coûtent plus cher que des constructions normales ; environ 30 % de plus.

Il faut donc aux pays menacés le temps et surtout l'argent pour s'équiper et remplacer petit à petit les vieux bâtiments, peu sûrs et dangereux, par de nouveaux, plus fiables.

Malheureusement, les pays de régions sismiques ne sont pas tous suffisamment riches pour pouvoir s'offrir ce « luxe » de protection ; c'est entre autres le cas de beaucoup de pays d'Amérique du Sud.

fauchage de ses jambes accentue ce déséquilibre. Mais l'inverse est encore plus vrai ! Avec cette technique, les « grands costauds » font très facilement voler au tapis les « petits maigrichons ».

C'est malheureusement ce qui arrive lors des séismes : les toutes premières secousses horizontales attaquent la base des bâtiments — leurs « jambes » — et balayent les murs. Tout l'immeuble se retrouve déséquilibré, perché au-dessus du vide, et s'écroule comme un château de cartes, emprisonnant ses occupants dans un mille-feuille de béton.

Les constructions parasismiques

Depuis qu'on comprend mieux ces phénomènes, on essaye, dans les zones les plus menacées, de bâtir des immeubles qui résistent aux séismes.

On a commencé par construire des bâtiments en béton armé : du béton avec, à l'intérieur, de longues tiges métalliques. Mais cela ne suffisait pas toujours et n'empêchait pas que la base des immeubles soit tordue puis fauchée par les premières secousses. Il a fallu trouver mieux. Comme dans la fable de La Fontaine *Le Chêne et le Roseau,* on a compris qu'il valait mieux plier souplement devant le séisme plutôt que de l'affronter avec trop de raideur. C'est pourquoi on pose maintenant des fondations qui « absorbent » l'énergie du séisme : les immeubles plient, se balancent, mais ne s'effondrent pas.

Ces techniques de construction se sont déjà montrées efficaces en bien des occasions : à Mexico, à Tokyo, elles ont, ces dernières années, sauvé de nombreuses vies.

1 Pour éviter que les canalisations d'eau ou de gaz cassent lorsque le sol bouge, les tuyaux sont reliés par des manchons souples en caoutchouc qui « absorbent » les déplacements.

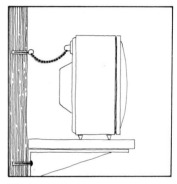

2 Les gros objets posés en hauteur doivent être fixés au mur par une chaîne. C'est le cas des téléviseurs qui risquent d'imploser en tombant et de provoquer ainsi un incendie.

3 Dans les placards ou dans le réfrigérateur, les objets doivent être retenus par un rebord fixé aux étagères et, pour les objets les plus hauts, par des lanières élastiques.

Arménie, décembre 1988. Sauveteurs et chiens recherchent les victimes sous les décombres.

1 La faille de San Andreas est formée sur des milliers de kilomètres par une multitude de petites failles. Lors d'un séisme, l'une d'entre elles a décalé deux portions de route de plusieurs mètres.

2 Cette route était accrochée à flanc de montagne. Le tremblement de terre l'a complètement disloquée et elle s'est effondrée le long de la pente, au milieu d'un éboulement de rochers. À d'autres endroits, ce sont des pans entiers de la montagne qui ont glissé, obstruant les vallées.

LA CALIFORNIE BOULEVERSÉE

Dans le monde entier, la Californie est célèbre par sa ruée vers l'or, Hollywood et ses studios de cinéma, San Francisco et ses rues en pente. Mais la douceur de vivre californienne risque de faire oublier que cette région vit sous la menace permanente de la destruction. Régulièrement, son sous-sol est agité par des convulsions sismiques.

Une menace qui s'accentue

Jusqu'à présent, ces séismes n'ont pas été trop meurtriers, contrairement à ceux d'autres régions du monde. Certes, en 1906, San Francisco a été quasiment rasé ; mais ce drame est essentiellement dû à l'incendie qui ravagea la cité après le tremblement de terre. Et pour cette ville de plus de 400 000 habitants, on déplora moins de 1 000

*La grande faille de San Andreas traverse la Californie
du nord au sud. Lorsque la faille bouge, le pays tremble !*

3 Lorsque la terre bouge, rien ne résiste, pas même les rails de chemin de fer. Ils ont été complètement tordus par le décalage entre deux ensembles rocheux, rendant impossible le passage d'un train. Pour rétablir le trafic, il faudra refaire au plus vite tout ce tronçon de voie ferrée. Rétablir les voies de communication après un séisme est une des tâches les plus urgentes si l'on veut que les équipes de secours puissent opérer.

disparus. De même, lors du très violent séisme de 1857, on raconte qu'il n'y eut que deux morts. La raison est simple : cette région n'est vraiment peuplée que depuis peu de temps. Il y a un siècle et plus, les séismes ne dérangeaient que quelques Indiens ainsi que les premiers pionniers.

À présent, ce sont plus de 18 millions d'habitants qui, dans les grandes villes, vivent sous la menace de la faille de San Andreas.

Le spectre de la catastrophe

Les scientifiques sont pour le moment dans l'impossibilité de dire quel jour et à quelle heure le prochain séisme important secouera la Californie. C'est pourquoi, avec si peu de certitudes, il est impensable d'évacuer une ville comme San Francisco : une opération si importante, qui

LE COÛT D'UNE ÉVACUATION

Les autorités de Californie ont calculé qu'il en coûterait 1,5 milliard de dollars par jour pour évacuer San Francisco (soit plus de 9 milliards de francs). Ce chiffre comprend le coût de l'évacuation elle-même et de son organisation, le logement de millions de personnes sous des tentes, leur nourriture, sans oublier les pertes d'argent pour les entreprises à cause de l'arrêt du travail.

Pour une semaine, il faudrait donc prévoir une dépense de plus de 10 milliards de dollars !

4 À Daly City, la faille de San Andreas passe au ras de la falaise qui domine l'océan Pacifique. La faille rend la falaise très instable et celle-ci s'éboule progressivement dans la mer. Des glissements de terrain, dus à de petits séismes, ont déjà coupé en plusieurs endroits la route de la corniche. L'effondrement de la falaise entraîne dans sa chute les maisons construites au bord du plateau. Pour ceux qui voient leur habitation se rapprocher peu à peu du vide, c'est une catastrophe : ils guettent avec angoisse chaque nouvel ébranlement qui les rapproche de la ruine.

RÉUSSITE ET ÉCHEC DE LA PRÉVISION

Le 4 février 1975, les sismologues chinois prédirent avec succès un très violent séisme dans la province de Liaoning. Trois millions de personnes furent évacuées. Quelques heures plus tard, la région fut rasée. Il n'y eut que quelques centaines de morts. Mais un an et demi plus tard, le 27 juillet 1976, la région industrielle de Tangshan fut dévastée par un séisme qui n'avait pas été prévu. 650 000 personnes perdirent la vie et 780 000 autres furent blessées.

À d'autres occasions, les Chinois évacuèrent inutilement des millions de personnes pendant plusieurs jours et même plusieurs semaines. C'est pourquoi ils sont maintenant très prudents sur la fiabilité des prévisions.

coûterait très cher à l'État, présenterait aussi presque autant de risques que d'attendre le séisme sur place. La panique pourrait s'emparer des populations mal préparées ; l'évacuation risquerait de provoquer une multitude d'accidents ; sans oublier les malfaiteurs qui en profiteraient pour piller une ville désertée par ses habitants. Et si l'évacuation s'était avérée inutile, les gens accepteraient-ils de recommencer une autre fois, peut-être quelques jours plus tard ?

Les responsables californiens ont donc choisi avant tout d'informer la population sur la conduite à tenir et les gestes qui sauvent. Ils encouragent aussi la construction de bâtiments parasismiques. Enfin, ils prévoient la façon d'organiser au mieux les secours après la catastrophe.

Beaucoup d'Américains ont choisi de vivre en Californie à cause du climat, qui rappelle celui de la Côte d'Azur, et de la prospérité économique. Cela vaut-il la peine de risquer de tout perdre en quelques secondes, y compris la vie ?

1 Le long de la faille de San Andreas glissent deux morceaux de l'écorce terrestre : à l'ouest la plaque pacifique et à l'est la plaque nord-américaine. Ce glissement dure depuis des millions d'années.

2 Si les déplacements se poursuivent toujours de la même manière, on peut penser que dans 20 millions d'années, l'ouest de la Californie se sera détaché de l'Amérique du Nord et dérivera vers le nord-ouest.

3 Ainsi, dans 50 millions d'années, l'océan Pacifique comptera une île de plus. Sur cette île, on trouvera la moitié des villes de San Francisco et de Los Angeles, ou ce qu'il en restera...

Whittier, Californie, États-Unis. Cette localité, dans la banlieue de Los Angeles, est traversée par l'une des fractures associées à la faille de San Andreas. Lors du petit tremblement de terre du 1er octobre 1987, les terrains ont bougé de part et d'autre de cette fracture. Un nuage de poussière est sorti de celle-ci lors du glissement : l'allongement du nuage souligne la direction de la fracture.

Pour déterminer l'importance d'un tremblement de terre,
les géologues ont mis au point plusieurs échelles de mesure.

1 Pour évaluer l'importance d'un séisme, on note les effets qu'il produit sur les personnes, les dégâts sur les constructions et les changements dans le paysage. On utilise pour cela l'échelle MSK. Degré I (dessin) : les hommes ne perçoivent rien ; seuls les appareils détectent et enregistrent la secousse.

2 Du degré II au degré IV, la secousse est de mieux en mieux ressentie, mais sans provoquer de frayeur. Les objets bougent un peu, sans dégâts. Au degré V (dessin), les dormeurs sont réveillés. Les animaux sont nerveux. Tout tremble. De petits objets peuvent être renversés. Des cheminées tombent.

DES ÉCHELLES POUR LES SÉISMES

N'importe qui, à condition d'être un peu observateur, peut apprécier l'intensité d'un séisme. Il suffit pour cela de noter soigneusement les effets produits puis de les comparer aux indications de l'échelle MSK. Cependant, il faut que la région s'y prête : au milieu du désert, il est difficile de savoir si les cloches vont se mettre à sonner toutes seules ! Cette échelle fut donc conçue pour les zones habitées.

L'échelle MSK

Une telle échelle permet aussi de reconstituer l'histoire sismique d'une région : on peut évaluer l'importance des séismes historiques à partir des documents anciens. Cette étude est très intéressante, car ces connaissances aident à la prévention

3 Degré VI : tout le monde ressent le séisme et de nombreuses personnes sont effrayées. Les animaux domestiques s'enfuient au-dehors. Dans les maisons, les meubles se déplacent tout seuls.

4 Degré VII : la vibration du sous-sol est perçue à l'intérieur des voitures. La plupart des gens prennent peur ; certains tombent. De nombreux bâtiments subissent des dommages. Les grosses cloches sonnent toutes seules. À la surface des lacs se forment des vagues et l'eau est troublée par la boue mise en mouvement.

des séismes futurs. Ainsi, l'échelle MSK est encore utilisée aujourd'hui par tous ceux que préoccupent les effets des tremblements de terre : les responsables qui ont la charge de protéger les populations ou les architectes qui conçoivent des constructions parasismiques.

L'échelle de Richter

Pourtant, à la télévison, dans les journaux, dès qu'un tremblement de terre survient dans le monde, les commentateurs ne parlent que de l'échelle de Richter et de la « magnitude » du séisme. Et les journalistes ne manquent jamais de rappeler que l'échelle de Richter comporte 9 degrés. Quelle différence y a-t-il entre cette échelle et l'échelle MSK et pourquoi ne parler que de la première ?

LES DEGRÉS
DE LA VIOLENCE

Sur l'échelle de Richter, d'un degré à l'autre, l'énergie est multipliée par 10. Ainsi, un séisme de magnitude 1 est très, très faible et uniquement détecté par les appareils enregisteurs ; un séisme de magnitude 2 est déjà 10 fois plus fort ; à la magnitude 3, le séisme est 100 fois plus violent que celui de magnitude 1. Enfin, un séisme de magnitude 8 est 10 millions de fois plus fort que celui de magnitude 1 !

5 Du degré VIII au degré X,
les dommages sont de plus
en plus graves. Le nombre
de bâtiments détruits augmente.
Des fissures s'ouvrent dans
le sol. La panique s'empare
des populations.
Au degré XI (dessin),
c'est la catastrophe : ponts,
barrages, lignes de chemin de fer
sont en grande partie détruits.
Les routes deviennent
impraticables, coupées
par de larges crevasses.
Glissements de terrain et chutes
de rochers modifient le paysage.

DES TREMBLEMENTS
DE TERRE CONTINUELS !

Des séismes de magnitude 8 se
produisent environ une dizaine
de fois par siècle, alors que
ceux de magnitude 2 sont presque continuels : plusieurs millions de fois par an !

Heureusement, leur très faible
énergie fait qu'ils sont pour nous
totalement insignifiants.

Si l'échelle MSK décrit les effets visibles d'un tremblement de terre, l'échelle de Richter mesure, elle, l'énergie qui s'est dégagée lors du séisme. Elle présente l'intérêt de pouvoir mesurer cette énergie sans aller sur place ! Il suffit d'analyser les enregistrements du séisme faits sur les appareils installés dans les laboratoires du monde entier. Il ne s'agit plus ici d'observation directe, mais de calculs à partir de sismogrammes. Ces calculs fournissent un nombre : la « magnitude ».

Ainsi, depuis la France, en comparant nos enregistrements avec ceux faits dans d'autres pays, on peut connaître la magnitude d'un séisme en Chine, ainsi que sa localisation. La magnitude est une mesure précise qui ne se préoccupe pas de déterminer si le tremblement de terre a eu lieu en plein désert ou au milieu d'une zone très peuplée.

6 Au degré XII, on assiste
à un chamboulement complet
du paysage. Pratiquement tout
ce qui se trouve au-dessus
ou au-dessous du sol
est endommagé ou détruit.
D'énormes crevasses s'ouvrent.
De gigantesques ensembles
rocheux se déplacent
horizontalement ou verticalement.
Des rivières sont déviées.
Des glissements de terrain
obstruent des vallées,
où se créent de nouveaux lacs.

Cette gravure allemande du xviiie siècle représente de façon naïve les conséquences du désastre de Lisbonne, le 1er novembre 1755. La ville est en ruine après avoir été ébranlée par plusieurs secousses. L'estuaire du Tage est encore agité : à deux reprises, le flux et le reflux du raz de marée a submergé la ville, entraînant bateaux, cadavres et débris. À présent, l'incendie se propage à partir des églises ; c'est le jour de la Toussaint et tous les cierges étaient allumés pour les cérémonies religieuses. À partir de ces foyers, le feu va dévaster la ville.

1 Dans cette classe, chacun essaye d'être attentif à son travail.
Pourtant, aujourd'hui n'est pas un jour comme les autres : c'est celui de l'exercice mensuel d'alerte en cas de tremblement de terre.

2 Un des professeurs lance l'exercice d'alerte en frappant plusieurs coups sur un xylophone. Le signal est répercuté dans toute l'école par des haut-parleurs. Chacun doit maintenant se rappeler les consignes de sécurité et bien les appliquer.

ALERTE À L'ÉCOLE

Lorsque tout tremble autour de soi, il y a de quoi s'affoler. Quand le sol se met à valser comme un bateau dans la tempête, les plus courageux commencent à avoir peur. Or, la première chose à éviter lors d'un séisme, c'est bien la panique. Les Japonais l'ont compris, eux qui, depuis toujours, vivent sous la menace des soubresauts de la Terre.

Désastres du passé

Les tremblements de terre meurtriers ponctuent cruellement l'histoire du Japon. Au siècle dernier, le séisme « Ansei Tokai » de 1854 fut particulièrement destructeur. De magnitude 8,4 sur l'échelle de Richter, il détruisit la région de Shizuoka et fut aussi accompagné d'un violent raz de marée. Un séisme de cette importance se

Au Japon, tout le monde se prépare pour les prochains tremblements de terre. Même dans les écoles, les élèves s'entraînent.

3 **Pour tous les élèves, le premier réflexe à acquérir en cas d'alerte sismique consiste à plonger sous les bureaux. Dans le même temps, ils doivent se couvrir la tête de leur *bosaizuki,* un capuchon rembourré qui, d'habitude, leur sert de coussin pour s'asseoir. Il leur faut ensuite attendre patiemment et sans s'affoler la fin des premières secousses.**

produit en moyenne tous les 150 ans. Une simple addition explique pourquoi les habitants de cette région industrielle très peuplée commencent à s'inquiéter.

Un danger similaire menace la capitale du Japon. Le 1er septembre 1923, Tokyo fut rasé par un séisme de magnitude 8,3, suivi d'un terrible incendie : 140 000 personnes y laissèrent la vie. Or, de tels séismes surviennent ici tous les 70 ans en moyenne. Chaque jour rapproche donc de la catastrophe, absolument inévitable. D'après les estimations, elle risque de faire des dizaines et même des centaines de milliers de victimes.

Prévention, information, éducation

C'est pourquoi, depuis 1923, les Japonais multiplient les exercices d'alerte. Chaque année, à la

LÉGENDES JAPONAISES

Au Japon, comme à Hawaii, les manifestations du sous-sol nourrissent les légendes, surtout aux époques où aucune explication scientifique sérieuse n'existe.

Ainsi, selon la tradition japonaise, les séismes étaient causés par des poissons-chats géants, les *namazu,* qui vivaient sous terre.

Normalement, ces poissons-chats étaient surveillés par le dieu Kashima qui les tenait en respect avec une grosse pierre (voir p. 89). Mais il suffisait que le dieu détourne son attention pour que le *namazu* en profite pour se débattre et provoquer des désastres.

4 Avant que d'autres secousses viennent frapper le bâtiment, tout le monde doit sortir le plus vite possible, mais toujours dans le calme ! Tous vont s'asseoir au centre de la cour, bien loin des murs qui risqueraient de tomber s'ils avaient été endommagés. Chaque professeur regroupe sa classe et compte ses élèves. L'exercice d'alerte est terminé.

date anniversaire du grand séisme de Tokyo, la population est invitée à participer à des exercices d'entraînement. Dans les quartiers, dans les immeubles, dans les usines, chacun apprend ce qu'il doit faire. Les municipalités stockent de l'eau potable, de la nourriture, des couvertures dans des réserves résistant aux séismes.

Pourtant, même au Japon, des alertes récentes ont montré qu'il est très difficile d'éviter les mouvements de panique. Cela suppose que tout soit prévu dans les moindres détails ; ainsi, il faut empêcher la propagation de nouvelles alarmistes ou la diffusion d'instructions incompréhensibles, car cela ne peut qu'affoler les gens. Le gouvernement a donc entrepris un gros effort d'information et d'éducation ; il fait diffuser largement ce slogan : « Les mesures préventives, et non pas la panique, peuvent sauver les vies. » Mais la question cruciale et angoissante que se posent les Japonais est : sera-t-il possible de « deviner » quelques heures à l'avance ces futurs séismes, ou bien frapperont-ils par surprise ?

Le mont Fuji-Yama est l'un des 50 volcans actifs du Japon.
Il est formé à l'aplomb d'une zone de subduction
(voir ci-dessous et p. 25). Il est le point culminant du Japon
avec 3 778 mètres. Sa dernière éruption remonte à 300 ans.
Pour de nombreux Japonais, cette montagne
est un endroit sacré : c'est « le début du ciel et de la terre,
le pilier de la nation », et les pèlerins gravissent ses pentes
en disant des prières.

1 La terre tremble toujours pour les mêmes raisons :
deux plaques glissent difficilement l'une contre l'autre.
Ici, une plaque océanique (à gauche) plonge sous une plaque
continentale (à droite). La collision crée une chaîne de montagnes.
Et, sur plusieurs centaines de kilomètres en profondeur, le frottement
continuel produit des tremblements de terre.

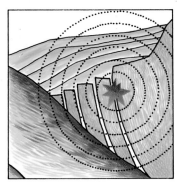

2 À gauche : des portions
de croûte bougent les unes
par rapport aux autres et produisent
des séismes de surface.

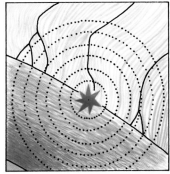

3 À droite : le long du plan
de friction, le glissement difficile
des deux énormes plaques engendre
des séismes profonds et violents.

Et si, une fois de plus, la solution se trouvait au fond de l'eau ?
C'est ce que tenta de vérifier le Nautile
lors de ses plongées au large du Japon.

1 En vert : la plaque asiatique qui porte le Japon, la Chine, l'U.R.S.S. et la Corée.
En bleu clair : la plaque des Philippines qui plonge sous la plaque de l'Asie.
En bleu foncé : la plaque du Pacifique qui plonge à la fois sous la plaque de l'Asie et la plaque des Philippines.

MISSION KAIKO

Le Japon est un pays formé par une succession d'îles montagneuses. Les régions hospitalières sont rares. C'est pourquoi plus de 110 millions de personnes vivent entassées sur les côtes, sous la menace continuelle des séismes, des raz de marée et même, à certains endroits, des volcans. Cependant, les Japonais ne s'abandonnent pas à la fatalité et au désespoir. S'il est impossible d'empêcher les tremblements de terre, peut-on les prévoir ? Cela n'est pas du tout sûr ; mais on peut au moins essayer de mieux comprendre ce qui se passe.

La mission Kaiko

Tel était le but de la mission d'exploration franco-japonaise Kaiko. Pendant l'été 1985, des chercheurs ont effectué, avec le *Nautile*, de nombreuses plongées au large des côtes du Japon. Ils sont allés voir sur place, au-dessus des zones de subduction, la façon dont les plaques,

2 Le *Nautile* est à plusieurs milliers de mètres sous l'eau. Il s'enfonce dans un canyon sous-marin et s'apprête à aller observer la zone de rencontre des plaques asiatique et philippine.

3 À 3 750 mètres de profondeur, le *Nautile* est arrivé sur son terrain d'observation : dans la lumière des projecteurs apparaît une série de failles dues à la collision entre les deux plaques. Une colonie de clams y est installée ; ces coquillages puisent leur nourriture dans les eaux qui suintent des failles.

ces énormes portions de l'enveloppe de la Terre, s'affrontent. Le Japon est situé au bord de la plaque asiatique. À plus de 3 000 mètres sous l'eau, les plaques philippine et pacifique plongent sous la plaque asiatique. Ces déplacements continuels déforment cette dernière et tendent à l'entraîner vers l'intérieur de la Terre ; jusqu'au moment où elle « rebondit » vers la surface, ce qui déclenche les séismes tant redoutés.

Un sous-sol sous haute surveillance

Le sous-sol du Japon est truffé d'appareils enregistreurs qui surveillent en permanence les moindres frissons des plaques. Plusieurs appareils sont déjà installés sur les fonds marins. Séismomètres et inclinomètres accumulent les

4 À la fin de la campagne de plongée, le *Nautile* a installé sous l'eau un véritable laboratoire géophysique, grâce à ses bras articulés.
Deux inclinomètres et un séismomètre ont été posés au sommet du mont Erimo, un ancien volcan à 3 930 mètres sous la surface de l'océan.
L'un des inclinomètres a même été scellé avec du ciment dans le basalte du volcan, uniquement avec l'aide des bras télémanipulateurs !

ÉCHEC D'UNE EXPÉRIENCE

Le « laboratoire » du mont Erimo devait enregistrer en continu les événements qui se produiraient dans la plaque pacifique. Il était prévu ensuite qu'un navire vienne une fois par an relever les données, avec un système électronique approprié.

Hélas, les chercheurs reconnaissent que le navire n'a pu récupérer aucun des enregistrements : « quelque chose » n'a pas fonctionné ! Cependant, ils ne se faisaient pas d'illusions ; même s'ils sont déçus par cet échec, ils savent que ce n'est pas avec une seule station sous-marine, même très profonde, qu'on peut prévoir un séisme, surtout en relevant les données aussi peu souvent. Ce n'est donc que le tout début d'une très longue recherche.

Il y a quand même un point très positif dans cette aventure : le *Nautile* — et son équipage ! — ont montré leur capacité à manipuler et à installer à de grandes profondeurs des instruments fragiles et perfectionnés. C'est déjà un bel exploit technique !

informations lors du moindre séisme. Et les géologues continuent de rechercher dans le sous-sol d'autres indices qui leur permettraient de mieux suivre les déplacements des plaques. Toutes ces données sont traitées par des ordinateurs : on cherche les relations qui pourraient exister entre ces différents paramètres et qui pourraient fournir la « clé » des séismes. Mais ce n'est pas si simple... Actuellement, rien ne garantit qu'on ait le temps de recueillir les informations et de les interpréter avant que se produise un grave séisme. Il s'agit de déterminer avec la plus grande précision le moment où les roches vont libérer l'énergie accumulée pendant leurs lentes déformations. Ce travail est du même ordre que l'expérience (imaginaire) qui consisterait à poser des capteurs sur un tireur à l'arc pour déterminer l'instant précis où il lâchera sa flèche.

Est-il possible, après plusieurs dizaines d'années de déplacements imperceptibles et continus des ensembles rocheux, de prévoir, à coup sûr, le bref instant où tout va craquer ? C'est le défi que tentent de relever les chercheurs.

Image satellite (LANDSAT) de l'est du Péloponnèse, en Grèce. Cette région, située à 200 km à l'ouest de Santorin, se trouve, comme cette île et comme le Japon, au-dessus d'une zone de subduction. Les tremblements de terre y sont donc très fréquents.

Le *Nautile*
Ce submersible peut plonger jusqu'à – 6 000 mètres. De ce fait, 97 % des fonds océaniques lui sont accessibles. Caractéristiques principales : longueur totale : 8,00 m largeur : 2,70 m hauteur : 3,45 m masse : 18,5 t

1. moteur de propulsion principale
2. répondeur système « NAXIS »
3. matériau de flottabilité
4. propulseurs verticaux
5. sphère étanche en titane
6. propulseur transversal
7. caméras
8. 2 bras télémanipulateurs
9. panier à prélèvements
10. batteries principales

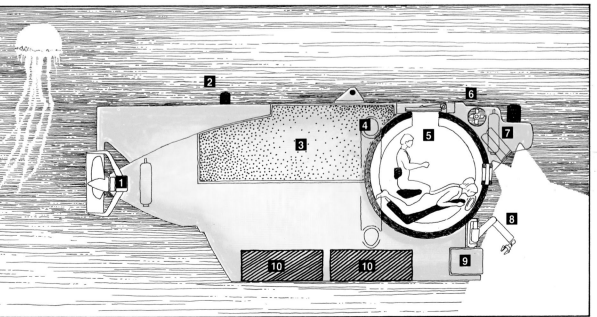

1 À Papeete, dans l'île de Tahiti, le « Centre d'alerte aux tsunamis » est relié en permanence aux observatoires situés autour du Pacifique. Nuit et jour, des tambours enregistreurs notent les moindres vibrations du sous-sol.

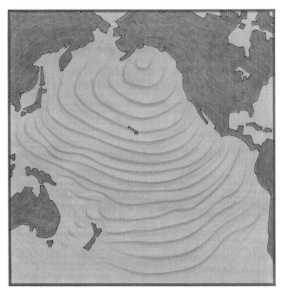

2 Un tremblement de terre vient de se produire sur la côte de l'Alaska, déclenchant un tsunami. Sur la carte de propagation du raz de marée, la distance entre chaque trait représente une heure : dans 10 à 12 heures, le tsunami atteindra la Polynésie.

ALERTE AU RAZ DE MARÉE

On est maintenant capable de prévoir les raz de marée. Bien sûr, il est impossible de les arrêter ! Mais on peut à présent éviter les milliers de morts qu'ils ont occasionnés dans le passé. Car ils sont parmi les catastrophes naturelles les plus meurtrières...

Des vagues exterminatrices

Ainsi, lors de l'explosion du Krakatoa, en 1883, en Indonésie, ce n'est pas l'éruption qui fit le plus de morts, mais le tsunami qui suivit. Dans un rayon de plusieurs centaines de kilomètres, il engloutit 36 000 personnes ! Les régions les plus exposées sont sur le pourtour de l'océan Pacifique : de nombreux tsunamis ont dévasté le Japon, le Chili ou la Californie. Mais ils peuvent aussi se produire sur d'autres rivages.

*Pour se protéger des raz de marée, une seule solution :
savoir quand ils vont frapper.
Pour pouvoir aussitôt évacuer les zones menacées.*

3 **Dans les villes de la côte polynésienne, les autorités ont déclenché l'évacuation des habitants. Les voitures de police sillonnent les rues pour s'assurer que tout se passe dans le calme. Les gens ont juste le temps de prendre quelques affaires personnelles avant de se réfugier dans l'arrière-pays, sans savoir s'ils retrouveront leur maison une fois l'alerte passée.**

La capitale du Portugal, Lisbonne, fut détruite en 1755 par un tremblement de terre aussitôt suivi d'un raz de marée. Ce désastre historique causa la mort de 60 000 personnes. Par son caractère incompréhensible, il impressionna et choqua beaucoup les gens du XVIIIe siècle. Certains y voyaient la marque d'un châtiment divin. Ce drame suscita même de nombreux commentaires sur la « bonté » ou la « méchanceté » de la Nature ! L'un des textes les plus connus est celui de l'écrivain français Voltaire, dans son conte philosophique *Candide*.

L'effet de surprise

En effet, pendant très longtemps, les gens ont été incapables de comprendre l'origine et la cause des tsunamis. Ceux-ci frappaient par surprise :

RAZ DE MARÉE
OU TSUNAMI ?

Quel terme employer ? Les deux mots désignent exactement le même phénomène. Seule leur origine permet de les différencier.

Le mot japonais « tsunami » est le plus exact ; il signifie « vague qui envahit les ports », et se contente donc de décrire le phénomène. Le terme français, au contraire, en faisant référence aux marées, introduit une idée fausse, car les tsunamis n'ont aucun rapport avec les marées ; ils peuvent se produire à n'importe quel moment de la journée. Leur arrivée ne dépend que du temps que met la vague à se propager depuis l'endroit où elle s'est formée.

4 Presque invisible
lorsqu'elle était au large,
la vague du tsunami a pris
de la hauteur à l'approche
de la côte. Un mur d'eau
de plusieurs dizaines de mètres
de haut déferle avec
une violence inouïe.
Il arrive que l'on retrouve
de gros bateaux
loin à l'intérieur des terres.
Cependant, il est impossible
de prévoir où le tsunami fera
le plus de dégâts : selon la forme
de la côte, selon la façon dont
la vague se déplace, il pourra
dévaster un endroit et ne causer
aucun dommage dans un lieu tout
proche.

Un raz de marée a toujours pour origine un violent accident sous-marin.
Les causes en sont un séisme, un glissement de terrain ou même
une éruption volcanique.
L'énergie colossale dégagée par cet endroit est transmise à l'eau.
Cela crée une onde qui, lorsqu'elle avance en pleine mer, se remarque
à peine au milieu des autres vagues : au-dessus des grands fonds marins,
l'onde du raz de marée se déplace à plus de 800 kilomètres à l'heure,
mais sa hauteur n'est que de quelques dizaines de centimètres.
À cette vitesse, il lui faut environ une quinzaine d'heures pour traverser
le Pacifique et, depuis l'Alaska, aller frapper les côtes d'Indonésie ou du
Chili. Lorsque l'onde arrive à proximité de la côte, sa vitesse diminue
jusqu'à 40 ou 50 kilomètres à l'heure, pendant que la hauteur de la vague
augmente considérablement.

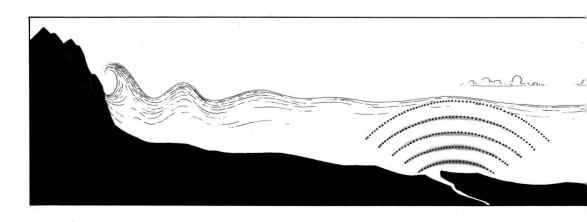

un séisme aux îles Hawaii pouvait déclencher un raz de marée sur les côtes chiliennes une quinzaine d'heures plus tard. Comment prévenir la population lorsque les moyens de communication étaient beaucoup plus rudimentaires ?

Souvent, l'arrivée d'un tsunami se manifeste d'abord par un rapide retrait de la mer. Celui-ci laisse sur le sable les poissons et certains voyaient là l'occasion de faire une pêche miraculeuse ! Ils se précipitaient donc sur la plage avec des paniers. Ces malheureux ne se doutaient pas que, quelques minutes plus tard, l'énorme vague allait déferler sur eux et tout balayer.

La prévention

À Tahiti comme à Hawaii, sont installés des centres d'alerte. Ils sont reliés 24 heures sur 24 à toutes les stations sismiques du Pacifique, ainsi qu'à des systèmes qui peuvent mesurer avec une très grande précision la hauteur de la surface des océans. Cela nécessite tout un réseau de télex et de satellites de communication reliés à des ordinateurs qui peuvent à tout instant déclencher l'alerte dans les zones menacées. Depuis que ce système existe, le nombre de morts causées par les tsunamis a considérablement diminué : ceux-ci ont perdu l'arme de la surprise totale.

TSUNAMIS MÉDITERRANÉENS

La Méditerranée, qui connaît, surtout dans sa partie orientale, des séismes parfois très violents, n'est pas à l'abri des tsunamis.

En 479 de notre ère, un très violent séisme provoqua un tsunami ravageur : des bateaux à quai dans le port du Pirée ont été retrouvés sur les toits de la ville d'Athènes, à plusieurs kilomètres de leur lieu d'ancrage. Un dispositif d'alerte est malheureusement impossible à mettre en œuvre en Méditerranée, car les distances y sont beaucoup plus courtes que dans le Pacifique : on n'aurait pas le temps de prévenir les gens menacés. Par chance, les tsunamis y sont nettement plus rares.

D'AUTRES CHEMINS...
D'AUTRES DÉCOUVERTES

Le vocabulaire des volcanologues

Accrétion: phénomène par lequel du magma, venu des profondeurs, s'ajoute aux roches de la croûte terrestre.

Arc volcanique: alignement courbe de volcans à l'aplomb des zones de subduction; exemple: arcs volcaniques de la mer Égée ou d'Indonésie (voir page 25).

Atmosphère: dernière couche de la Terre, d'une centaine de kilomètres d'épaisseur; elle est surtout composée de gaz (voir page 2).

Biosphère: ensemble de la matière vivante, animale ou végétale, à la surface de la Terre (voir page 5).

Bombe volcanique: bloc solide, d'une taille supérieure à 64 millimètres, de forme arrondie, formée par la solidification de la lave molle projetée dans l'air.

Caldeira: cratère de très grande taille, résultant de l'explosion d'un volcan ou de son effondrement dans la chambre magmatique (voir page 8).

Cendre: particule très fine d'une taille inférieure à 2 millimètres.

Croûte 1: enveloppe solide la plus superficielle de la Terre, épaisse de 5 à 10 kilomètres pour la croûte océanique et de 30 à 60 kilomètres pour la croûte continentale (voir page 39).

Dérive des continents: théorie proposée, en 1910, par Alfred Wegener selon laquelle les continents se déplacent à la surface de la Terre au cours des temps géologiques (voir pages 28 et 30).

Dorsale océanique 2: zone à relief élevé située au fond des océans; à travers ses fissures s'épanche le magma.

Faille: cassure dans les roches, le long de laquelle les deux côtés se déplacent l'un par rapport à l'autre.

Fosse océanique 3: région profonde de l'océan au-dessus des zones de subduction.

Fumerolle: gaz s'échappant de trous ou de fissures dans les zones volcaniques.

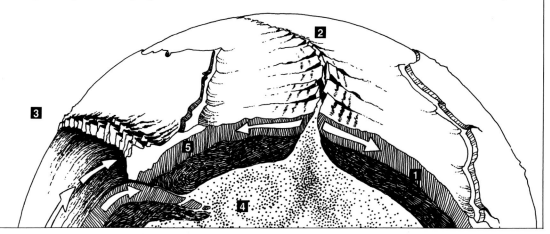

Géochimie: science qui applique les méthodes de la chimie à l'étude de la Terre: analyse de la composition des roches et des minéraux, étude des réactions chimiques dans le sous-sol, etc.

Géologie: science qui étudie l'origine, la structure et l'évolution des roches.

Géophysique: science qui applique les méthodes de la physique à l'étude de la Terre: étude de la propagation des ondes sismiques, du champ magnétique, etc.

Hydrosphère: ensemble des eaux à la surface de la Terre: océans, mers, lacs, rivières, eaux souterraines et glaciers (voir pages 3 et 5).

Lahar: coulée boueuse formée de matériaux d'origine volcanique (voir page 12).

Lapilli: fragments de retombées volcaniques d'une taille comprise entre 2 et 64 millimètres.

Lave: roche en fusion d'origine volcanique.

Magma: roche fondue issue de matériaux solides à l'intérieur de la Terre; le magma donne de la lave lorsqu'il s'épanche à la surface de la Terre.

Manteau 4: région profonde de la Terre située sous la croûte, jusqu'à 2 900 kilomètres de profondeur (voir page 39).

Nuée ardente: nuage dense et très chaud, mélange de solides, de liquides et de gaz, émis par les volcans lors d'éruptions de type péléen (voir page 11).

Pierre ponce: lave vitreuse, pleine de trous car très riche en gaz, et donc très légère, émise lors de phénomènes volcaniques particulièrement explosifs.

Plaque 5: ensemble rigide à la surface de la Terre comprenant la croûte (continentale ou océanique) et le sommet rigide du manteau supérieur (voir page 15).

Raz de marée: vague qui traverse les océans et qui est due à des accidents sous-marins très violents (voir page 78).

Rift (terme anglais signifiant fissure): fossé au milieu des dorsales, océaniques ou continentales, où se déroulent des phénomènes d'accrétion.

Roche: matériau formé d'un assemblage de minéraux, de même espèce ou d'espèces différentes, et parfois de verre.

Scorie: fragment émis par les volcans à l'état solide, d'une taille de plusieurs centimètres.

Subduction: phénomène par lequel une plaque océanique plonge sous une autre plaque, continentale ou océanique.

Tectonique: étude des déformations des roches; la tectonique cassante étudie les failles, la tectonique souple, les plis.

Tectonique des plaques: théorie selon laquelle l'écorce terrestre est constituée de plaques; elles se déplacent les unes par rapport aux autres au cours des temps géologiques; la «tectonique des plaques» a remplacé la «dérive des continents».

Tsunami: mot japonais synonyme de raz de marée (voir page 79).

Volcanologue: scientifique qui étudie les volcans avec les moyens de la géologie, de la géochimie et de la géophysique.

Les quatre grands types d'éruption

Les volcanologues décrivent classiquement quatre grands types d'éruption qu'il ne faut pas confondre avec les trois grands types de volcanisme décrits dans le livre (voir pages 17, 24, 33).

L'ÉRUPTION DE TYPE HAWAÏEN

Caractéristique des volcans de Hawaii, elle donne surtout des coulées de lave très fluide. Il y a très peu d'explosions

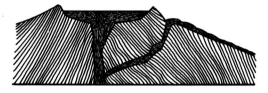

et de projections. Elle forme de grands volcans aux cônes très plats, mais dont le diamètre peut atteindre plusieurs dizaines de kilomètres.

L'ÉRUPTION DE TYPE PÉLÉEN

Elle tient son nom des observations faites à la montagne Pelée, en 1902. Sa caractéristique principale est l'émission de nuées ardentes. Cela s'accompagne de laves très visqueuses, s'écoulant très difficilement et qui peuvent former des aiguilles au sein du cratère.

L'ÉRUPTION DE TYPE VULCANIEN

Nommée d'après le Vulcano, dans les îles Lipari, au large de l'Italie, elle se caractérise par l'éjection violente de

laves visqueuses, de gaz et de cendres. En tournoyant dans les airs, les paquets de lave s'agglomèrent en bombes volcaniques.

L'ÉRUPTION DE TYPE PLINIEN

Ainsi appelée d'après le naturaliste romain Pline l'Ancien, mort pendant la catastrophe du Vésuve. Il s'agit d'une éruption explosive de gaz et de cendres. Le panache volcanique, en forme de pin parasol, peut monter très haut dans le ciel avant de retomber en pluies de cendres.

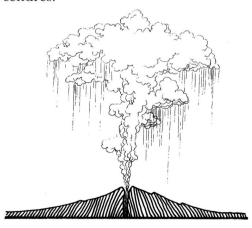

Lors d'une éruption, il est tout à fait possible que ces différents types soient mélangés ou se succèdent.

Ce fut le cas lors de l'éruption du mont Saint Helens (voir page 34).

Voltaire et le séisme de Lisbonne

Au XVIIIᵉ siècle, différents courants philosophiques s'affrontent. Certains penseurs ou écrivains affirment, par exemple, que « tout est pour le mieux dans le meilleur des mondes possibles ». Voltaire, bouleversé notamment par les récits du séisme qui a détruit Lisbonne en novembre 1755, s'oppose violemment à cette vision très « optimiste » du monde. Lorsqu'il rédige *Candide ou l'Optimisme,* quatre ans après la catastrophe, il évoque ce tremblement de terre, qui fut ressenti dans une grande partie de l'Europe, et lui accorde même une place importante.

Candide est un jeune homme naïf, éduqué par Pangloss, philosophe « optimiste », sûr de lui, de sa science et de ses raisonnements. Candide connaît une série d'aventures cruelles et dramatiques, qui le conduiront peu à peu à s'interroger sur l'enseignement de son maître.

Voltaire, dans une suite de récits parfois horribles mais toujours ironiques, montre comment, selon lui, l'Univers est livré au chaos, tant sous l'effet des forces de la nature que par la folie des hommes. Voltaire ne se déclare pas incroyant, mais il pense que Dieu ne se préoccupe pas du destin de l'humanité et des malheurs du monde. Dès lors, les hommes ne doivent rien attendre de la providence divine. Ils ne doivent pas s'obstiner, comme Pangloss, à refuser la réalité. Pour comprendre le monde, il vaut mieux faire appel à l'observation et à l'expérience plutôt qu'à des idées toutes faites. Il faut donc être lucide, sans illusion. Enfin, il faut, modestement, chercher un bonheur « supportable » en « cultivant son jardin ».

« À peine ont-ils mis le pied dans la ville [de Lisbonne], (...) qu'ils sentent la terre trembler sous leurs pas, la mer s'élève en bouillonnant dans le port, et brise les vaisseaux qui sont à l'ancre. Des tourbillons de flammes et de cendres couvrent les rues et les places publiques ; les maisons s'écroulent, les toits sont renversés sur les fondements, et les fondements se dispersent ; trente mille habitants de tout âge et de tout sexe sont écrasés sous les ruines. (...)

« Le lendemain, ayant trouvé quelques provisions de bouche en se glissant à travers des décombres, [Candide et Pangloss] réparèrent un peu leurs forces. Ensuite, ils travaillèrent comme les autres à soulager les habitants échappés à la mort. Quelques citoyens, secourus par eux, leur donnèrent un aussi bon dîner qu'on le pouvait dans un tel désastre : il est vrai que le repas était triste ; les convives arrosaient leur pain de leurs larmes ; mais Pangloss les consola, en les assurant que les choses ne pouvaient être autrement : "Car, dit-il, tout ceci est ce qu'il y a de mieux ; car s'il y a un volcan (1) à Lisbonne, il ne pouvait être ailleurs ; car il est impossible que les choses ne soient pas où elles sont ; car tout est bien." (...)

« Après le tremblement de terre qui avait détruit les trois quarts de Lisbonne, les sages du pays n'avaient pas trouvé un moyen plus efficace pour prévenir une ruine totale que de donner au peuple un bel autodafé (2) ; il était décidé par l'université de Coïmbre que le spectacle de quelques personnes brûlées à petit feu, en grande cérémonie, est un secret infaillible pour empêcher la terre de trembler.

« On avait en conséquence saisi un Biscayen convaincu d'avoir épousé sa commère, et deux Portugais qui en mangeant un poulet en avaient arraché le lard ; on vint lier après le dîner le docteur Pangloss et son disciple Candide, l'un pour avoir parlé, et l'autre pour avoir écouté avec un air d'approbation. (...) Candide fut fessé en cadence, pendant qu'on chantait ; le Biscayen et les deux hommes qui n'avaient point voulu manger de lard furent brûlés, et Pangloss fut pendu,

quoique ce ne soit pas la coutume. Le même jour, la terre trembla de nouveau avec un fracas épouvantable. »

La « morale » pour Voltaire est claire : tout cela ne sert à rien et les hommes, par leur entêtement, leur stupidité et leur fanatisme, ne font qu'ajouter des souffrances aux malheurs dus aux catastrophes naturelles.

Depuis deux siècles, l'histoire de Candide continue à faire réfléchir sur les relations entre science et religion, ainsi que sur les incertitudes qui pèsent sur l'étude des phénomènes naturels et les certitudes des croyances philosophiques ou religieuses.

(1) Certains pensaient à cette époque que les tremblements de terre étaient dus à l'activité de volcans très profonds.
(2) Autodafé : supplice par le feu des hérétiques condamnés par l'Inquisition ; cet autodafé eut réellement lieu le 20 juin 1756.

Volcans et séismes
expliqués à travers le temps

Depuis de nombreux siècles, savants et naturalistes décrivent et essayent de comprendre les tremblements de terre ou les phénomènes volcaniques.

Chez les auteurs de l'Antiquité

On en trouve un exemple chez Lucrèce, un auteur romain qui, au premier siècle avant J.-C., écrivait dans son traité *De la nature* :

« Apprends comment se produisent les tremblements de terre. Mais auparavant, fais en sorte de te persuader que la Terre, dans son sein comme à sa surface, est toute pleine de cavernes hantées par les vents et qu'elle renferme dans ses profondeurs un grand nombre de lacs, de marais, de rocs et de précipices.

(...) La terre tremble à sa surface, secouée de grands éboulements, quand d'immenses cavernes s'écroulent en elle sous l'action du temps ; ce sont des monts entiers qui tombent et c'est le brusque ébranlement de cette chute qui détermine des tremblements propagés au loin. »

Cent cinquante ans plus tard, en 104 après J.-C., Pline le Jeune donne, dans deux lettres à l'historien Tacite, une description détaillée de l'éruption du Vésuve, qui détruisit Pompéi en 79 :

« Il montait une nuée (de loin, on ne pouvait savoir de quelle montagne ; ensuite on sut qu'il s'agissait du Vésuve) ; elle ressemblait très exactement à un pin. De fait, étirée en une espèce de tronc très long, elle se déployait dans les airs en rameaux. (...)

« [Quelques heures plus tard], le Vésuve brillait en plusieurs endroits de flammes très larges et de grandes colonnes de feu dont le vif éclat, la clarté étaient avivés par les ténèbres de la nuit.

« Les maisons chancelaient à la suite de fréquents et importants tremblements de terre ; ébranlées sur leurs fondations, elles semblaient osciller dans un sens puis dans l'autre. En plein air, d'autre part, on craignait la chute de pierres ponces, pourtant légères et poreuses. »

Au temps de l'*Encyclopédie*

Dix-huit siècles après Lucrèce, la compréhension des séismes et des volcans n'a guère évolué. Vers 1760, l'*Encyclopédie* de Diderot et d'Alembert, à laquelle participa Voltaire, fournit des explications peu différentes de celles de Lucrèce avec, en plus, une vision « optimiste » des catastrophes naturelles. Ainsi, aux articles « Tremblements de terre et Volcans », on peut lire :

« La Terre en une infinité d'endroits est remplie de matières combustibles ; on sera convaincu de cette vérité, pour peu que l'on fasse attention aux couches immenses de charbon de terre, aux amas de bitume, de tourbe, de soufre (...) qui se trouvent enfouis dans l'intérieur de notre globe. Toutes ces matières sont propres à exciter des embrasements, et à leur servir d'aliment. (...)

« Les volcans ainsi que les tremblements de terre sont dus aux embrasements souterrains [dans les cavernes du sous-sol], excités par l'air, et dont la force est augmentée par l'eau. (...)

« Les volcans doivent être regardés comme les soupiraux de la Terre, ou comme des cheminées par lesquelles elle se débarrasse des matières embrasées qui dévorent son sein. Ces cheminées fournissent un libre passage à l'air et à l'eau (...), sans cela ces agents produiraient sur notre globe des révolutions bien plus terribles que celles que nous voyons opérer aux tremblements de terre. (...) Les volcans sont un bienfait de la nature ; ils fournissent au feu et à l'air un libre passage ; ils les empêchent de pousser leurs ravages au-delà de certaines bornes, et de bouleverser totalement la surface de notre globe. »

Les observateurs du XIXe siècle

Il faut attendre le début du XIXe siècle pour trouver des descriptions et des explications plus prudentes. Ainsi, le naturaliste Georges Cuvier écrit, dans son *Discours sur les révolutions de la surface du globe,* publié en 1825 :

« Quoique nous n'ayons aucune idée nette des moyens par lesquels la nature entretient à de si grandes profondeurs ces violents foyers [les volcans], nous jugeons clairement par leurs effets des changements qu'ils peuvent avoir produits à la surface du globe. (...) Les volcans accumulent sur la surface, après les avoir modifiées, des matières auparavant ensevelies dans la profondeur ; ils forment des montagnes ; ils en ont couvert autrefois quelques parties de nos continents ; ils ont fait naître subitement des îles au milieu des mers. »

Quelques années plus tard, entre 1831 et 1836, le naturaliste Charles Darwin a parcouru le monde à bord d'un navire d'exploration scientifique. Il en a rapporté un gros ouvrage de notes et d'observations. Il y décrit, entre autres, un séisme qu'il a vécu, alors qu'il se trouvait sur la côte du Chili :

« 20 février. Jour mémorable dans les annales de Valdivia. (...) Le tremblement de terre commença soudainement et dura deux minutes. Mais le temps nous parut beaucoup plus long, à mon compagnon et à moi. Le tremblement du sol était très sensible. Les ondulations nous parurent venir de l'est ; d'autres personnes soutinrent qu'elles venaient du sud-ouest ; ceci prouve

combien il est parfois difficile de déterminer la direction des vibrations. (...)

« Un tremblement de terre bouleverse en un instant les idées les plus arrêtées ; la terre, l'emblème même de la solidité, a tremblé sous nos pieds comme une croûte fort mince placée sur un fluide ; un espace d'une seconde a suffi pour éveiller dans l'esprit un étrange sentiment d'insécurité que des heures de réflexion n'auraient pu produire. »

Par la précision de ses observations et la critique qu'il en fait, le travail de Darwin conduisait à une compréhension plus rigoureuse de la nature.

Pour les anciens Japonais, l'explication des séismes relevait de la légende : le dieu Kashima maintient avec une lourde pierre le méchant poisson-chat qui, en se débattant, provoque les tremblements de terre.

Des volcans extraterrestres

La Terre n'a pas le monopole des volcans ! Au fur et à mesure que progresse l'exploration du système solaire, les astronomes y découvrent d'autres volcans.

LE MONT OLYMPE

La première planète à montrer ses volcans fut Mars, lorsque les sondes spatiales s'en approchèrent vers 1965. Le plus célèbre d'entre eux est le mont Olympe. Et il y a de quoi ! Ce volcan est aussi, à ce jour, la plus haute montagne connue du système solaire, avec pas moins de 26 kilomètres d'altitude et 600 kilomètres de diamètre à sa base ! La surface de Mars est parcourue de nombreuses coulées de lave. On pense que ce volcanisme est assez « récent », du moins à l'échelle des temps géologiques : il ne daterait « que » de 800 millions d'années !

DES VOLCANS « MASQUÉS » ?

On soupçonne aussi très fortement l'existence d'un volcanisme sur Vénus. Il est impossible de l'observer directement à cause de l'épaisse couche de nuages qui constitue l'atmosphère vénusienne. Les seules données qui existent sont les analyses chimiques de l'atmosphère, qui révèlent la présence de gaz d'origine volcanique. À cela s'ajoutent les observations faites par radar par les sondes qui ont atterri sur Vénus ; celles-ci ont montré des reliefs qui font penser aux volcans ; il reste à savoir si ceux-ci sont encore actifs...

IO LA VOLCANIQUE

Mars et Vénus sont des planètes similaires à la Terre : petites, denses et enveloppées par une croûte solide. En revanche, il n'y a pas de volcanisme sur les planètes géantes gazeuses, comme Jupiter et Saturne. Mais on eut la surprise de découvrir un volcanisme très actif sur Io, qui est un satellite de Jupiter. En mars 1979, la sonde spatiale *Voyager 1* envoya sur Terre des images spectaculaires qui révélaient la présence, à la surface de Io, de près de 200 volcans de plus de 20 kilomètres de diamètre, cernés d'immenses coulées de lave. Huit de ces volcans étaient en éruption et leur panache de soufre s'élevait parfois jusqu'à 280 kilomètres.

DES « LAVES » DE GLACE !

Mais la découverte la plus étonnante date de 1988. Sur deux satellites d'Uranus, Ariel et Miranda, les calculs faits à partir des images prises en 1986 par la sonde *Voyager 2* auraient mis en évidence des volcans crachant des « laves » solides ! Ces laves seraient des sortes de glaciers issus du sous-sol, avec des glaces composées probablement d'un mélange d'eau et d'ammoniac, à une température de −33 °C. Ces glaces s'écouleraient à l'extérieur sous l'effet de mouvements internes aux satellites. Tout cela reste encore à analyser plus précisément à l'aide de nombreux calculs informatiques. En effet, cela se passe à plus de 2,7 milliards de kilomètres de la Terre, sur des astres qui ont moins de 500 kilomètres de diamètre ! Et il est impossible de les étudier directement depuis la Terre...

Enfin, les astronomes ont l'espoir de faire des découvertes tout aussi « sidérantes » lorsque *Voyager 2* passera à proximité de la planète Neptune et de ses satellites.

Pour en savoir plus...

Des livres

Dans la collection « Monde en Poche » (Nathan), vous pouvez compléter vos connaissances sur le fonctionnement de l'écorce terrestre avec :
La Dérive des continents (Didier Gille)
Histoire d'un volcan (Valérie Massignon)
Tremblements de terre et raz de marée (Pierre Chiesa).

Toujours aux éditions Nathan, Maurice Krafft a écrit, pour les jeunes lecteurs, *Les volcans et leurs secrets*.

Si vous souhaitez admirer de très belles photos sur les volcans, découvrez, entre autres :
Objectifs volcans (Maurice et Katia Krafft – Nathan/Image).

Pour en savoir encore plus, trois ouvrages pour tous, publiés dans la collection « La Planète Terre » (Time Life) :
Les Volcans
Les Tremblements de terre
La Dérive des continents.

Pour les vrais « mordus » des volcans, un petit livre de poche, très complet, mais qui demande plus d'attention :
Volcans et magmas (Jacques-Marie Bardintzeff – Science et Découvertes/Le Rocher).

Enfin, pour tout comprendre sur la célèbre éruption de la montagne Pelée :
La Montagne Pelée se réveille (Simone Chrétien et Robert Brousse - Éditions Boubée).

Des informations télématiques

Les volcans se sont mis eux aussi à l'heure du Minitel. Vous pouvez maintenant consulter un service télématique consacré aux volcans créé par des géologues du Centre de recherches volcanologiques de Clermont-Ferrand.

Il suffit pour cela de taper 36.15 VOLTEL sur votre Minitel pour trouver toutes sortes d'informations sur les volcans du monde entier. Grâce à ce service, vous pouvez aussi suivre en permanence les manifestations des volcans français d'outre-mer, obtenir des informations historiques ou scientifiques sur le volcanisme ou correspondre par la messagerie.

Des rencontres

Grâce à l'association L.A.V.E. (L'Association Volcanologique Européenne), vous pouvez rencontrer d'autres passionnés des volcans et même participer à des voyages... sur des volcans !
L.A.V.E., 7, rue de la Guadeloupe, 75018 Paris.
Tél. : (1) 42 06 92 59.

Des films

Si vous voulez voir des films sur les volcans, il y a bien sûr tous ceux d'Haroun Tazieff ou de Maurice Krafft qui passent régulièrement sur les chaînes de télévision.

Mais vous pouvez aussi, au détour de films de fiction, découvrir des volcans qui ont servi de cadre à certaines séquences ou bien des tremblements de terre reconstitués à coup « d'effets spéciaux ».

Pour les volcans :
Les Derniers Jours de Pompéi, un des tout premiers films de Sergio Leone, plus connu pour ses westerns (*Pour une poignée de dollars, Il était une fois dans l'Ouest*). Le film présente de façon totalement fantaisiste la catastrophe de l'an 79. C'est plutôt un « peplum », film à costumes d'inspiration antique.

La Veuve noire, de Bob Rafelson, film policier dont l'action se situe à Hawaii, ce qui permet, à l'occasion, de voir les champs de lave solidifiée et de belles fontaines de lave incandescente.

Pour les tremblements de terre :
San Francisco, de W.S. van Dyke : un « classique », avec Jeannette MacDonald et Clark Gable. Le film décrit le tremblement de terre qui ravagea San Francisco, en 1906. La reconstitution finale du séisme était très impressionnante pour les moyens techniques de l'époque.

Tremblement de terre, de Mark Robson, avec Ava Gardner et Charlton Heston. « Film catastrophe » des années 1970, il décrit le séisme qui pourrait de nouveau ravager la Californie. Lors de la projection du film dans les salles, un procédé spécial faisait trembler les fauteuils !

Les images de tremblements de terre en direct sont très rares, car les séismes ne préviennent pas et il est exceptionnel que quelqu'un soit présent sur les lieux, avec une caméra chargée et prête à l'emploi. Qui plus est, il est très difficile de filmer pendant un tremblement de terre : on comprend facilement pourquoi ! Et les témoignages qui existent, bien que spectaculaires, sont souvent flous et de qualité médiocre.

Quand tout s'écroule autour de vous, on a souvent autre chose à faire que de filmer !

INDEX

Cet index a été conçu autour des principaux thèmes traités dans ce livre. Il vous aidera à trouver ou à retrouver les informations que vous cherchez.
Les chiffres en maigre renvoient au texte courant, en italique aux légendes des illustrations et en gras aux encadrés.

TABLE DES MATIÈRES

L'auteur tient à remercier
monsieur le professeur Robert Brousse
pour ses conseils
lors de la réalisation de cet ouvrage
et sa relecture attentive du texte.

Origine des photographies

J.-P. Boyer/Explorer : 9 b. J.-L. Charmet : 69 b.
Dite-Nasa : 77. Y. Gellie/Gamma : 53 b.
F. Gohier/Explorer : 60. Katia et Maurice
Krafft/Explorer : 4 b, 12, 13, 17 c, 17 b, 33 b, 37 b,
48 h, 48 b, 53 h, 57 g, 57 d. J.-P. Nacivet/ Explo-
rer : 73. Novosti/Gamma : 41. T. Orban/Sygma :
61 b. Orstom/M. Lardy : 25 h ; M. Monzier : 45 d ;
C. Pambrun : 45 g. G. Dagli Orti : 80.
G. Rose/Gamma : 65 b. A. Thomas/Explorer :
21 h.

Recherche iconographique :
FRANÇOISE FAUCHEUX

Loi du 16 juillet 1949
sur les publications destinées à la jeunesse.

N° d'editeur A 43155
Imprimé en Espagne par H. Fournier, S.A. - Vitoria
ISBN : 2.09.277409-3